JN121800

人民日報叢書 vol.5

The 10th Anniversary of
the Belt and Road Initiative

「一帯一路」共同建設10周年

現地レポートから見る実情と全体像

人民日報国際部
日中交流研究所 編

日中翻訳学院 本書翻訳チーム 訳
拓殖大学国際学部教授 岡田実 監訳

日本僑報社

前書き

中国国家主席習近平が二〇一三年に「一帯一路」共同建設を提唱してから、二〇二三年で十周年の節目を迎える。中国は古代シルクロードの精神を継承し、世界の国々と手を取り合って、共同発展の新たな道を切り開いてきた。

この十年間、「一帯一路」共同建設を通して、中国および世界はいかなる発展のチャンスを得てきたのか。そしてどのような成果をもたらしたのか。本書は、人民日報の記者による世界各国からの「一帯一路」共同建設についての現地レポートである。本書を通じて、読者の皆様が「一帯一路」イニシアチブ十周年の実情を見渡し、「一帯一路」共同建設の目標である「人類運命共同体の構築」について理解を深めていただくことができれば幸いである。

本書は国際情況や世界経済の最新動向を把握するために欠かせない一冊である。

目次

第二部

シルクロード精神の継承
―中国が世界と発展する「一帯一路」共同建設―

第一部

世界各国との互恵関係、共同発展

―「一帯一路」共同建設現地レポート―

インドネシアの人々に幸福をもたらす青山工業団地

管克江　沈小暁　張傑

インドネシアの中央スラウェシ州、モロワリ郡のバホドピ村の幹線道路には、果物屋、洋服屋、雑貨屋などの商店が所狭しと立ち並んでおり、オートバイや歩行者が絶えず行き交っている。十年前には数千人しかいなかったこの小さな漁村に、現在では二十万人以上の住民がひしめき合っているとは、誰が予想しただろうか。

二〇一三年十月、中国の習近平国家主席がインドネシアに国事訪問を行った際、両国の首脳は中国とインドネシアの経済・貿易協力特区である「青山工業団地」(以下「青山団地」)の初プロジェクトの契約締結式に立ち合った。青山団地はモロワリ郡に位置しており、団地の急ピッチな建設に伴い、地元の経済発展も加速した。インドネシアの前国会議長、マズキ氏は、「青山団地はインドネシアと中国による『一帯一路』共同建設を高品質に具体化したものです。地元のみなさんには実際に目で見て触れられるというメリットがあります。」と述べた。

車で工業団地内を走ると、機械の音があちこちに鳴り響き、大型運送トラックが慌ただしく行き来している。整然と並ぶクレーンと貨物船が港で順序よく作業をしている。

中国インドネシア経済貿易協力区青山工業団地風景（撮影：リヨス）

この団地にはすでに四十社以上の企業が入っており、主にニッケル鉄、ステンレス鋼、電気自動車のバッテリー材料などのプロジェクトが進められている。この団地はステンレス鋼の世界的に重要な産業基地となっており、団地参加のプロジェクト協定の投資総額は百五十億ドルを超えている。

「ここで働いてもうほぼ十年になるんです。この団地が開設されてから、毎日毎日変わっていくんですよ。」と、青山団地の総合管理部で働くインドネシア人のマルワティさんは話す。二〇一三年に彼女は、故郷に中国企業が工業団地を作ると聞き、ジャカルタにいた当時の会社を辞めて青山団地に就職した。今では、彼女はその総合管理部を支える中心的な人物である。「（自分がここまで成長できたのは）団地には活躍できる大きなフィールドがあって、中国の同僚たちも献身的なサポートをしてくれるおかげです。」、また「どんな仕事でも一生懸命やりますし、同僚と一緒にこの団地を成長させていくことで、私たちの生活も良くしていけると思っています。」と話す。

モロワリ郡の郡長、タスリン氏は、「モロワリ郡は豊富なニッケル鉱石の資源があります。この団地の存在によって、その鉱石産業が生活向上のための現実的なプロジェクトに変わりました。」と述べている。彼によると、二〇一八年から現在までに、モロワリ郡の財政収入は倍になり、三兆八千四百億インドネシアルピア（人民元で約十八億元、日本円で約三百六十五億円）に達しているとのこと。「この収益があれば、教育や公共サービスへの投資を増やし、人々の生活水準を向上させることができます。」と彼は話す。

青山団地は、自らの成長と並行して社会に貢献している。インフラ整備のために、四十二キロメートルの中圧送電線を建設し、周辺の村に二十四時間電力を供給するなどし、それまでの日が暮れると真っ暗になるという状況を改善した。また、周辺地域には幼稚園、中学校、サッカー場、職業学校なども建設している。植林活動やサンゴ礁の移植保護も行い、海辺のマングローブの植栽面積は十一ヘクタール以上、鉱山の植生復元面積は二百七十ヘクタールを超えている。

この団地が大量の雇用を生み、モロワリ郡はインドネシアで最も投資と雇用が活発な地域の一つになった。団地の近くにある「サリ・ラサ」レストランの例はその変化をよく表している。二〇一八年の取材の際はまだ小さなレストランだったが、最近の取材では、遠目ではウッドハウスに見えていたものが実は、大きな船のような形をしており、正面は色鮮やかな木彫が施されていた。さらには二階建ての民宿、大きく拡張されたレストラン、そして建設中の高級ホテルまであることが分かった。

レストランのオーナー、マルタさんは笑顔いっぱいで記者に話した。「中国企業が地元に根を下ろし、急速に周辺経済を活性化しています。私のビジネスも順調に成長して、数年前の夢はすべて実現しました。」村の規模も大きくなり、住民も増えたため、彼女は他の商店と協力してパブリックスペースの環境を改善し、皆が快適に暮らせるようにする計画をしている。「これが私の新しい夢です。」とマルタさんは嬉しそうに話した。

人は皆、素晴らしい夢を持っている。「一帯一路」共同建設の過程で、この夢の種は、成長し、葉が生い茂った大きな木となり、新たなチャンスと繁栄をもたらし、より多くの人々の夢をかなえるだろう。

中国・ラオスの人々の発展、幸福、友好の道

裵広江　兪懿春　胡澤曦　張矜若

二〇二一年十二月三日、中国ラオス鉄道が開通した。開業以来、人や貨物の流れも順調で、沿線では多くの雇用が生まれ、中国とラオス、及びＡＳＥＡＮ諸国との貿易交流が促進され、中国・ラオスの人々にとっての発展、幸福、友好の道となっている。

ラオス北部の観光都市ルアンパバーンの午後は、太陽が激しく照りつけていた。郊外にある中国ラオス鉄道有限公司・ルアンパバーン保守点検管理センターで、記者は送電用架線網部門リーダーの馮図氏に会った。二十四歳の馮図氏と彼の同期生は、上海に赴き鉄道の専門教育を受けた第一陣のラオス人学生であり、中国ラオス鉄道が開通後の最初のラオス人鉄道技術者でもある。

ラオスのビエンチャン省の特大橋梁を疾走する中国ラオス鉄道「復興号」（写真：楊永全）

中国に来るまで、馮図氏は汽車を見たことがなかった。二〇一八年、上海応用技術大学とラオスのスファヌボン大学が「一帯一路」イニシアチブ提起により国際教育協力を開始したことで、馮図氏は中国で学ぶ機会を得たのだった。「当時、ルアンパバーンは大きな橋を建設中でした。将来、中国ラオス鉄道がこの橋の上を通ることを知っていたので、鉄道を専攻したことで将来に期待が持てました。」と語る。

中国ラオス鉄道が開通して以来、中国側はラオスのために鉄道人材を八百人余り育成し、そのうち六十六名のラオス籍従業員が中国ラオス鉄道の最初の運転士となり、十五名が車掌になり、十三名が管理職の訓練を受けている。

中国ラオス鉄道有限公司の劉宏社長は、「今のところ、弊社のラオス籍従業員は六十パーセント近くに達しています。そのうちの多くがラオス鉄道建設の中核となり、ラオスの運輸事業の発展に新たな活力を注ぎ込んでくれることでしょう。」と語った。

「ほら、向こうがプーヤー村だよ。」ルアンパバーンから南へ三十キロメートル、ナムグム川を隔てて見渡すと、一面、赤い屋根に黄色い壁の家が整然と並んでいるのが目に飛び込んできた。

中国ラオス鉄道の建設を後押しするため、沿線に住むラオスの村人たちは求めに応じて、労働者用居住区に移転してきた。そここそ、シェングン県のプーヤー村で、中国側が中国ラオス鉄道（ボーテンービエンチャン間）の沿線において建設支援をしてきた四つの居住区の一つである。

「去年五月、村人が新居に引っ越してきた時、喜びのあまり歌い踊る様子が今も目に浮かぶようです。」と、四十六歳のプーヤー村村長である香哈氏は語った。

村の変わりように、感慨ひとしおの香哈氏は、「以前の村は、ここから五百メートルほど離れたところにあって、村人のほとんどは板張りの家に住んでいました。中には、草葺きの家に住んでいる者もいて、雨期になるといつも雨漏りの心配が絶えませんでした。今では、村の百七世帯は皆、丈夫できれいなレンガ造りの新しい家に住み、どの家庭にもテレビが備え付けられています。」と語る。

プーヤー村の多くの人々は生涯を山で暮らしてきた。今後中国ラオス鉄道の列車は、

2023年8月11日、ボーテン駅から来た「復興号」がビエンチャン駅に停車し、乗客が整然と下車し駅を出るところ（写真：楊永全）

村人たちの、外の世界とより良い生活への憧れを載せて、鋭い汽笛を鳴らしながら村を通り過ぎてゆくことだろう。

ビエンチャン市中心部から東へ十五キロメートルのところに、中国ラオス鉄道（ボーテン—ビエンチャン間）最大の貨物ターミナル駅であるビエンチャン南駅がある。二〇二三年一月から六月までの中国ラオス鉄道全線の貨物輸送量は、九百六十二万トンで前年同期比九十四・七パーセント増、国境を越えた貨物輸送量は二百三十万トンで、前年同期比二百十・八パーセント増となっている。

ビエンチャン南駅に入ると、目の前に熱気あ

賑わう中国ラオス鉄道のビエンチャン南駅（写真：楊永全）

ふれる光景が広がっていた。敷地面積が二万平方メートルを超えるコンテナヤードに、「中国鉄路」と印字されたコンテナが整然と置かれ、クレーンがひっきりなしに作動していた。線路上では、コンテナを満載した列車がゆっくりと駅に入っていった。事務所ロビーでは、多くのラオス企業の代表が窓口で貨物輸送手続きを行っていた。

梅英氏は、主に鉱石と農産物の輸出入貿易を営むラオスＫＭ社の業務執行取締役である。彼女は記者に、「我が社は、毎月鉄鉱石五万トン、農産物二万トンを中国ラオス鉄道で輸送しています。鉄道の開通前は、貨物は道路での輸送だったので少なくとも十日はかかっていましたが、今はわずか三日で配達できます。運送時間の大幅な短縮だけでなく、輸送コストも随分下がりました。」と語った。

ビエンチャン南駅は、ラオスとタイの国境からわずか七キロメートルしか離れておらず、重要な貨物積み替え地点としての「陸上の物流拠点」となっている。ＡＳＥＡＮ諸国の多くの貨物は、ここから中国ラオス鉄道の貨物列車に載せられ中国まで運ばれている。

中国ラオス鉄道の発送貨物の種類は日ごとに増加しており、開通初期の十種類余りから今や二千種類以上に拡大している。ビエンチャン南駅の銭徳駅長によると、中国からラオスへの輸送貨物は主に、機械設備、家電製品、野菜、生花などで、ラオス、タイ、ベトナム、ミャンマー等多くのＡＳＥＡＮ諸国に運ばれている。また、ラオスから中国への輸送貨物は主に、キャッサバ、ハトムギ、果物等で、中国の二十五の省・区・市に出荷されているとのことだ。

昆明からビエンチャンまで、千三十五キロメートルの中国ラオス鉄道は、両国を密接に繋ぎ、絶えず両国国民ひいては地域の人々の幸福を高め続けている。

シアヌークビル港経済特区は中国カンボジア実務協力の模範

劉　慧
胡澤曦

朝七時前、カンボジアのシアヌーク省のシアヌークビル港経済特区（以下「特区」）のゲート前はすでに車の往来が激しい。ちょうど通勤ラッシュで、特区の道路はバイクや車が絶えることなく行き交っている。

特区は中国が承認した最初の海外経済貿易協力特区の一つで、中国とカンボジア両国政府による国家レベルの経済協力区である。「一帯一路」イニシアチブ提起から十年、特区は急速に成長し、これまでで既に百七十五社の企業が進出し、三万人近くの雇用を生み出している。特区の繁栄は中国とカンボジアの実務協力の模範であり、「一帯一路」共同建設の生きる希望と活力を具現化している。

特区に入ると、道路は広く整然としており、工場ビ

特区内部の空撮写真（写真：アヌ）

ル、オフィスビル、従業員宿舎が立ち並び、ワンストップサービスセンター、法律サービスセンター、保健サービスセンターなどの付帯施設も全てそろっている。ここが二〇〇八年二月の定礎前は、雑草が生い茂る荒れ地だったとは、誰も想像できないだろう。

特区会社の代表取締役である陳堅剛氏は、「『一帯一路』イニシアチブ提起後、特区の成長はさらに加速し、現在の進出企業数は二〇一三年の二倍以上に増加しました。」と語る。

ゼネラルタイヤテクノロジー（カンボジア）有限公司の近代的な生産現場では、スタッフが原材料を成型機に入れると、四十秒足らずで二十インチのタイヤができあがっていた。

ゼネラルタイヤは二〇二二年に特区に進出し、工場予定地の総面積は十八万平方メートル近くになる見込みだ。同社の陶国忠社長は記者に対し、「工場が完成後の予定生産量としては、年間五百万本のセミスチール製ホイールのタイヤと九十万本のオールスチール製ホイールのタイヤの生産が可能で、さらに現地に千六百人の雇用を創出することができるでしょう。」と述べた。

シアヌークビル州はタイランド湾に臨んでおり、カンボジア最大の深海港（水深の深い港）を有している。特区は港に近く、物流輸送が非常に便利で、設備も常に整備されており、ここに進出している企業にとっては申し分のない環境となっている。二〇二二年、特区の企業の輸出入総額は二十四億九千三百万ドルに達し、カンボジア全貿易総額の約四・八パーセントを占めている。シアヌークビル州に対する特区の経済貢献率は五十パーセントを超え、現地経済の柱となっている。

特区の一角にあるシアヌークビル港ビジネス学院。同学院は、無錫の商業職業技術学院と特区会社が共同で誘致したもので、二〇一九年十一月に学生募集を開始した。

二年生のアンナさんは、カンボジアチャージャオ州の農村出身で、高校卒業後はこの学院で勉学に励む道を選んだ。「学費は全額免除で、私のような貧しい学生にも勉強や仕事の機会を与えてくれるんです。」とアンナさんは語り、「もっと努力をして、卒業後はいい仕事を見つけて、家族の生活を楽にしてあげたいと思います。」と続けた。

シアヌークビル港ビジネス学院の李伝琳執行総長は記者に、「我々の学生は卒業後、月に六百〜八百ドルの月給を手にすることができます。」と述べ、「特区の発展には質の高い人材が必要ですが、我々が育成した学生たちは、その多くが企業の中核となっています。」と続けた。

同じく特区にあるプレアシアヌークビル友好理工学院は中国政府の援助で建設され、カリキュラムは技能訓練を主とし、会計・金融、情報技術、電力工学など多くの専門科目があり、現在千百二十五人の学生が在籍している。学院の技術訓練室の労亭主任は記者に対し、「現在、学校の八十〜九十パーセントの学生が特区の企業で働いております。この学院

特区最大の投資プロジェクトであるゼネラルタイヤ工場での品質検査員（写真：アヌ）

を選んだのは、もちろん特区で働くためだという学生もけっこういます。」と語った。カンボジアのビショボーン国務大臣は、人材支援と特区の発展を結びつけた特区のモデルは学ぶ価値があると述べた。

ポレノ州メドラン郷プテン村は特区に隣接している。メドラン郷の弥占郷長は、ここ数年この地の人口は大幅に増加し、今ではすでに二千世帯以上、人口は七千人を超えていると説明した。そして、「特区には多くの出稼ぎ労働者が集まっています。村の売店、衣料品店、薬局、賃貸住宅等、多くは近年建てられたものです。十数年前、この村は藁葺きの小屋ばかりで、荒れ果てていたんですよ。だから外から人が来るなんてめったになかった。そんなこと、想像もつかないでしょう?」と感慨深げに語った。

地元の村人は、かつて農作業や漁で生計を立てていたが、現在では特区で働く村人が増え、安定した収入を得ている。培金氏は、特区の企業で電力メンテナンスを担当しているが、入社七年で既に一般社員から熟練した技術者に成長したのである。今では、バイクから車に乗り換え、家も新しく建てた。「以前は、村の道はとても狭く、舗装されていない土の道ばかりでした。今はみんな暮らしが良くなってきて、何もかも変わりました。」と話した。

「ポレノ州の七十パーセントの世帯が、特区で働いています。」と弥占氏は言い、「特区のおかげで、メドラン郷は貧しい郷からポレノ州で最も裕福な郷へと変化しました。」と続けた。

特区の建設は、シアヌークビル州ひいてはカンボジアの経済社会の発展に深く関与し、中国とカンボジアによる「一帯一路」共同建設のダイナミックな実践例となっている。

陳堅剛氏は、「将来的に特区は質の高い成長をし続け、中国とカンボジアの運命共同体の構築に更なる貢献をしていくだろう。」と述べた。

マレーシア中国クアンタン国際物流団地の豊かな成果

章念生　劉　慧

マレーシア中国クアンタン国際物流団地の俯瞰（写真提供：北部湾持株会社（マレーシア））

マレーシアの首都クアラルンプールから車で三時間余り。到着したのはパハン州の州都クアンタンである。この静かな小都市はマレーシアの東海岸経済特区に位置し、クアンタン港に隣接している。二〇一三年二月、マレーシア中国クアンタン国際物流団地が正式に開園し、中国マレーシア広西工業団地とともに、「両国双園」モデルがスタートした。

この十年、中国マレーシアの「一帯一路」共同建設協力の模範として、マレーシア中国クアンタン国際物流団地は両国の実務協力を推進しただけなく、友好をも深めてきた。今や、この団地は豊かな成果をあげている。累計契約プロジェクトは十二件、投資総額四百億元以上、総工業生産額は三百五十億元以上、長期雇用は約五千人、クアンタン港の年間新規貨物取扱量は一千万トンとなる見込みである。

「十年来、マレーシア中国クアンタン国際物流団地は、東海岸経済特区で最も成功した工業団地の一つとなった。」と、マレーシア東海岸経済特区開発理事会のベルチャウェイ最高経営責任者は、言う。「マレーシアと中国の『両国双園』モデルは成功だ。」と重ねて述べた。

連合製鉄はこの団地のプロジェクトに初めて入り、プロジェクトの着工から全工程の生産ライン建設までわずか十八カ月しかかからなかった。現在、連合製鉄プロジェクトの年間生産能力は三百五十万トンを超えており、マレーシアで最大且つ最先端の一貫製鉄企業の一つであり、製品は世界に向けて販売されている。

連合製鉄グループの胡玖林副社長は、クアンタンに着いたばかりの情景を今も鮮明に覚えていて、「二〇一四年、私が来た時は、この辺りは見渡す限り山と沼地だった。土木工事だけで一年余りも費やしたものだ。」と語る。そして、自分のオフィスを指さしながら、本紙記者に「このオフィスビルのあった所が以前は山だったなんて、誰が想像つくかね。」と感嘆の声を上げた。今では、敷地内の道路も広く整備され、オフィスビルや工場、寮が立ち並んでいる。

「連合製鉄プロジェクトの生産工程設計や装備などは全て中国によるもので、採用しているのは業界で最も先進的で優れたものだ。」と胡玖林氏は語った。ある地元の役人が連合製鉄を訪問した時、園内に入るなりこう質問したという。「ここは環境が整っていて清潔だ。なぜ製鉄工場らしくないのか。」と。プロジェクトの環境保護指標が現地の基準より高く、生産過程で発生した余熱や排気ガスなどは全て回収されて発電用となり、循環経済や省エネ、排出削減を実現していることを知ると、役人たちは驚いて目を見開いたという。

連合製鉄は目下四千人以上の従業員がおり、その大部分は現地の人々で、彼らの給与は現地の平均賃金水準をはるかに上回っている。ここで働いているマレーシア人の青年ケリー氏によると、クアンタンのある東海岸は開発が遅れていて、地元住民、特に若者はこれまで、開発が比較的進んでいる西海岸に仕事を探しに行っていた。今では、近くの工業団地で働くことができ、生活水準も目に見えて向上したという。

ベルチャウェイ氏によると、クアンタン国際物流団地はマレーシアと中国の投資を推進し、同時に生産から管理まで多くの分野で地元の雇用を創出したという。この団地の開発過程では、現地の請負業者やサプライヤーも関わっており、多くの地元中小企業がその恩恵を受けている。

クアンタン港は、マレーシア東海岸第一の港であり、クアンタン国際物流団地開発の重要な支えでもある。東部沿岸地域の発展を加速させるため、マレーシア政府はクアンタン港を重点開発港の一つに挙げている。

仕事している連合製鉄工場の作業員（写真：連合製鉄グループ会社）

二〇一三年には、中国広西北部湾国際港務集団がクアンタン港に出資した。中国とマレーシア双方が手を携えて、四十年以上の歴史を持つこの港に新たな命を吹き込んだのである。

中国とマレーシアは協力してクアンタン港のリニューアルを行うとともに、新しい港湾区の開発を共同で計画している。クアンタン港有限公司の葉竟涛運営総責任者によると、現地の設備の供給力には限りがあり、新港のシップアンローダ（港湾荷役機械の一つ。ばら積み貨物を陸揚げするためのもの）のような設備はすべて中国からだという。そのため、中国企業は現地の従業員を特別に訓練し、また従業員を中国の港に見学に行かせる手配もしているとのことだ。

二〇一五年、貨物取扱量と営業収入は共に倍増し、二〇一八年には一躍マレーシア最大の、ばら積み品専門の公共埠頭となり、十五万トン級の深水埠頭二つの建設に投資した。中国マレーシア両国の共同協力により、クアンタン港の貨物取扱量は絶えず刷新されている。

「東アジア地域包括的経済連携（ＲＣＥＰ）協定」の正式発効により、「両国双園」はマレーシア中国間でより完全な産業チェーンとサプライチェーンを構築し、貿易投資と技術協力、観光、文化などの分野において両国間の実務協力を深めることが期待できると、ベルチャウェイ氏は語った。

「一帯一路」が中国カザフスタン両国民に恩恵をもたらす

邱海峰　廖睿灵

江蘇省連雲港にある中カ国際物流基地でコンテナを積載輸送している大型機械（写真：王健民）

「9039号列車が間もなく入線します、準備をお願いします。」

「了解、スタッフはすでに位置についています。」

二〇二三年三月二十六日午後一時三十分、連雲港中カ国際物流有限公司生産操作部のマネージャー、陳軍さんは、間もなく到着する運転手と、列車の受け入れ情報をお互いに伝達し合っている。五分後、長い汽笛の音とともに、一列の貨物列車がトンネルを抜けて、ゆっくりと中カ連雲港物流協力基地に入ってきた。

「四十五両、九十個のコンテナ、荷下ろしできます。」陳軍さんが受け入れ計画表の確認後、指示を出す。それぞれに「中欧便」と書かれたコンテナが巨大なガントリークレーン（橋形クレーン）で掴まれ、きれいに積み上げられている。

二日後、この基地の隣の連雲港の港で、カザフスタンから運ばれて来た二千三百トンの鉛と亜鉛のインゴットが船に積まれ、日本、韓国、および東南アジアへと出発する。

二〇一三年九月に、中国の習近平国家主席がカザフスタンを訪問した際に、「シルクロード経済ベルト」の建設を提案し、それが「一帯一路」共同建設のきっかけとなった。その後、十年間で中国とカザフスタンは「一帯一路」共同建設の先駆者として、多くの実績を積み上げてきた。

中カ連雲港物流協力基地は、世界で最も大きな内陸国であるカザフスタンに、太平洋から船を出すための出入口を提供している。これは、中国とカザフスタンの「一帯一路」共同建設での最初の主要なプロジェクトであり、両国が陸と海の輸送をつなぐ最良の起点となっている。協力協定を結んでからプロジェクトが実行されるまで、わずか八ヶ月しかかからなかった。そして、二〇一四年五月十九日に、中国とカザフスタンの両国のリーダーが共同で制御システムを立ち上げ、プロジェクトが正式に稼働した。

十年の時間で、この基地は鉄道の専用線がない小さな置き場から、陸海連絡の中心にまで発展した。陳軍さんは、汽笛の音が増え、また受け入れの計画表もどんどん厚くなっていくのを感じている。最初は二、三日に一本の列車だったのが、今では一日に二、三本も来るようになった。陳軍さんは記者に語った、「今回受け入れたこの列車は、第五〇二二列目です！」

大きなスクリーン一面には、搬入と搬出車両のデータや現場のリアルタイムな運行状況がびっしりと表示されている。さらに、遠く離れた二つの作業現場も同時に見ることができる。これは中カ連雲港物流協力基地で新しく作られたデジタルコントロールセンターだ。相互に連携したシステムを通じて、中カの協力パートナーでデータ共有し、お互いの動きをリアルタイムで把握し、作業効率を向上させている。陳軍さんは、画面を指して言った。「見て、ドライポート（陸上港）の方も忙しいよ！」

画面上では、中国とカザフスタンの国境、中カ連雲港物流協力基地から四千キロ以上離れた場所、中国のコルガス口岸からたった十五キロしかない「コルガス―東大門」ドライポートがとても忙しそうだ。記者とオンラインで接続するようにと聞いて、オレンジ・白・黒の作業服を着たムラット・スレイメーノフさん（五十一歳）が、素朴な笑顔で入ってきた。「コルガス―東大門」ドライポートの生産部マネージャーとして、ムラットさんはここで働いて六年になる。彼は、中国とカザフスタンの共同投資で造られたドライポートが何も無いところから生まれ、そして、小さなものが大きなものへと成長していく様子を目の当たりにして来た。「中国カザフスタン

江淮自動車カザフスタン工場生産ライン（写真：江淮自動車）

の国境を越えた物流協力が実を結ぶのを見てきました。」と彼は語る。

ムラットさんによると、ドライポートが建設される前は、ここはただの荒山と広大な野原だった。たった数年間で、「コルガスー東大門」は中央アジア地域で最大のドライポートになった。現在、積み替えられ越境したコンテナは約百二十万個にも達している。

国境を越える物流の活発化が、ドライポート周辺の発展を後押しし、多くのカザフスタンの若者たちを呼び込んでいる。

「今では、周辺の街や村の子供たちが大学に進む際にあえて機械関連の専門を選び、卒業後は直接このドライポートで働くようになりました。遠く離れた土地で働くよりもずっと良いですよね。」とムラットさんは言う。彼は高層ビルを指差して、ドライポートの周辺にはすでに住宅地やショッピングモールが整備され、自分もここで居を構えたと記者に語った。

ムラットさんは、「一帯一路」共同建設の取り組みと中国カザフスタン両国の共同努力によって、新しいアジア・ヨーロッパ陸海連絡路が開かれたと考えている。「今、カ

シムケント製油所近代化改修第二期工事竣工後の全景（写真：シムケント製油所）

ザフスタンには太平洋に直結する『海への出口』ができ、アジアとヨーロッパを繋ぐ重要な交通の要所になりました。この地域が栄え、私たちも良い仕事に就けるようになりました。」と彼は言う。

「一帯一路」共同建設の相互利益への取り組みは、中国カザフスタン両国の共同発展の夢を繋げている。中央アジアで最大の風力発電プロジェクト、ジャナタス風力発電所が送電網に接続され、地元の百万以上の家庭の電力需要を満たしている。さらに、江淮自動車（ＪＡＣ）の生産ラインや、シムケント製油所を改修し近代化するなどの大規模な戦略プロジェクトが、カザフスタンの経済と社会発展を強力に後押している。また、小麦粉や乳製品など、カザフスタンの品質の良い商品が中国市場でよく売れている。

中国カザフスタン両国が「一帯一路」共同建設においてクオリティを重視するだけでなく、スピード感をもって発展戦略を連携させることで、必ずや両国の人々を一層幸せにすることができるだろう。そして、中国とカザフスタンの関係には、さらなる明るい未来が待っているに違いない。

ジャナタス100メガワット風力発電プロジェクト（写真：中国国家電力投資集団）

中国とカザフスタンの共同発展と繁栄を築く道

王新萍　王雲松　張暁東

十年前、中国の習近平国家主席はカザフスタンの首都アスタナで重要な演説を行い、「シルクロード経済ベルト」共同建設イニシアチブを初めて打ち出し、カザフスタンの各界から熱烈な支持を得た。この十年間、両国の首脳が自ら関心を寄せ、共にリードしあう中で、中国とカザフスタンは数十の重要な協力プロジェクトを成功裏に実施し、両国の国民に利益をもたらし、共同発展を促進してきた。

「一帯一路」共同建設の協力理念は広範な分野をカバーし、中国とカザフスタンが様々な領域で協力を強化するために、先を見越した未来図を描き始めていた。二〇一四年十一月、カザフスタンは「光明の道」という新しい経済政策を打ち出した。「一帯一路」イニシアチブと「光明の道」新経済政策は合致しており、相互補完性も高い。中国とカザフスタンは絶えず戦略的連携を行い、政策の意思疎通を図り、インフラ、貿易投資、工業と交通、人文交流等の多くの分野における二国間協力のために、互恵・ウィンウィンの発展的余地を広げ、共同繁栄を促進してきた。

カザフスタンのコスタナイの広い平原に、白い風車が高くそびえたっている。ここは、中国企業のユニバーサルエナジーが投資建設に関与したイブラヒムの五十メガワット風力発電プロジェクトである。七年前にカザフスタン市場に参入してから、今日では現地最大のクリーンエネルギー供給業者の一つとなったユニバーサルエナジーは、太陽光発電、風力発電等を含む六つの新エネルギープロジェクトを推進し、その総規模は三百八十メガワットで、累計十四億一千万キロワット時のグリーン電力を現地に供給し、炭素排出量を合計百四十一万トン削減し、建設ピーク時には現地三千人の雇用を創出した。

カザフスタンの電力は、伝統的な石炭火力発電が主流である。近年、世界的なエネルギー転換に伴い、

中国企業が建設を請け負ったザナタス風力発電プロジェクト
（写真：イリヤース）

カザフスタンではクリーンエネルギーへの転換は更に切実になっている。中国企業が投資し、建設を請け負ったジャナタス風力発電所、トゥルクゾン水力発電所、アクモラ州風力発電プロジェクト等の新エネルギープロジェクトは、カザフスタンのエネルギー産業が低炭素へと転換していくための確実な支援となっている。中国電力カザフスタンエネルギー投資有限公司のデータによると、二〇二二年末までに、中国企業がカザフスタンで建設した再生可能エネルギープロジェクトの総設備容量は千メガワットを超えている。

新エネルギー分野での協力の成果は、中国とカザフスタンが共に「一帯一路」共同建設を構築し

現場で働いている中国石油（カザフスタン）アクチュビン油田開発プロジェクトの従業員（写真：馮偉平）

てきた素晴らしい成果を鮮明に反映している。両国は生産能力と投資に関する対話メカニズムを確立し、二国間生産能力協力のための特別基金を設立したことで、生産能力の協力は勢いよく発展している。すでに建設された江淮自動車生産ライン、シムケント精錬工場の近代的改修等の大規模な戦略的プロジェクトは、カザフスタンの経済・社会発展を強力に後押しし、両国の国民に実質的な幸福をもたらしている。

中国とカザフスタンの山と川は相連なっており、経済構造も相互に補完し合う関係である。中国税関総署の統計によると、二〇二二年、中国とカザフスタン間の貨物貿易総額は三百十一億七千万ドルに達し、前年同期比二十三・六パーセント増となった。カザフスタンはアリババオンラインショップサイトで国家館を開設した二番目の国となり、すでに二百以上のカザフスタン企業が同サイトに常駐し、ハチミツやジュースなど、カザフスタン特産の農産物が中国の消費者の人気を博し支持を得ている。

中国カザフスタンコルガス国際国境協力センター、連雲港物流協力基地、「コルゴス—東大門」経済特区ドライポートなどのプロジェクトが成功裏に完成したことは、両国

中国企業が建設を請け負ったシムケント精錬工場の近代化改造プロジェクト（写真：葉爾蘭）

の相互連携を強固にし、物流分野での協力をさらに発展させた。統計によると、二〇二二年、中国カザフスタン両国の鉄道貨物輸送量は二千三百万トンに達し、過去最高を記録した。

カザフスタン外務省のバクテジャン・ボグレノフ氏は、以下のように語った。「カザフスタンと中国の経済貿易協力には大きな利点と潜在力があります。そして、『一帯一路』共同建設における協力は、カザフスタンのインフラ建設を促進しました。特に両国の道路、鉄道の中継ぎ輸送、陸海の複合一貫輸送等における相互接続の促進です。カザフスタンの発展を加速させ、両国の各分野における協力を拡大していくために、しっかりと基礎を固め、共に発展し繁栄へと通じる道を拓いてゆきます。」と。

国家の友好は民の友好にあり、民の友好は心の通い合いにある。近年、カザフスタンでは、「中国語ブーム」「中国文化ブーム」が続いている。現在、カザフスタンには五つの孔子学院があり、毎年、三千人以上に中国語研修が行われている。中国語はカザフスタンで最も人気のある専攻の一つとなり、中国も最も魅力的な留学先の一つとなっている。

中国とカザフスタンはまもなく互いに文化センターを設立する。カザフスタンは伝統医学センターと魯班工房を建設し、教育、科学、芸術、スポーツ、観光、新聞出版、ラジオ・テレビ放送、ネット視聴、映画製作等の分野における協力は、今後も深まるだろう……。

「一帯一路」共同建設の枠組みの中で、中国とカザフスタンの人文交流を協力しあっていく歩みはますます大きくなり、人民友好の基礎はさらに強固なものになっている。

中国とウズベキスタン共同考古学チームによるシルクロードの探求

強　薇

中国とウズベキスタンの友好交流には長い歴史がある。考古学的資料によると、青銅器時代には早くも、中国原産のアワがウズベキスタンにあったという。二千年以上前に、中国とウズベキスタンは、古代シルクロードを通じて、互いに補い合い、学び合っていた。近年、両国の考古学者が何度も共同調査を実施し、豊かな研究成果をあげている。

紀元前二世紀半ば、月氏という国の古代遊牧民族がイリ川、チュイ川を経てウズベキスタン南部のアムダリヤ川流域に到達した。中国漢代の外交官であった張騫は、月氏を探し当てて同盟を結び匈奴に対抗するために、西域へ出て、シルクロードを開いた。貫通後のシルクロードはユーラシア大陸の主要な陸上交易路となり、沿線地域の経済社会の発展と文化の融合を大いに促進した。ウズベキスタン第二の都市であるサマルカンドは「シルクロードの真珠」と呼ばれ、古代シルクロードの輝きと華麗さを今に伝えている。

しかしながら長い間、「月氏の人々の考古学的・文化的遺跡はどこにあるのか」という疑問には定説がなかった。二〇〇〇年から、中国西北大学中央アジア考古学チームは張騫の足跡をたどり、古代月氏文化の遺跡探しの道に一歩踏み出した。考古学チームは甘粛省、新疆等シルクロード沿線地域で長年にわたって遺跡発掘調査を行い、二〇〇九年には初めてウズベキスタンの実地調査をした。二〇一三年、西北大学とウズベキスタン科学アカデミー考古学研究所は、協力協定を締結し、中国・ウズベキスタン共同考古学チームを結成し、シルクロード考古学の新たな進展を共に追求することとした。

中国とウズベキスタンの共同チームは共に努力を重ねながら、月氏の神秘的なベールを徐々にはがしていき、その研究成果と画期的な観点は世界の学術界から認められている。二〇一九年、「中国・ウズベキスタン共同考古学成果展―月氏と康居（かつてウズベキスタン南部にあったとされる遊牧国家）の考古学的発見」展がウズベキスタン国家歴史博物館で開催され、八十組の金銀器、銅器、鉄器、ガラス、宝玉、メノウなど貴重な文化財が初めて展示され、現地の人々、世界各地の学術界、メディアから大きな注目を集めた。二〇二〇年十二月、西北大学と故宮博物院が共同で主催した「遥か遠くの果てしない旅―シルクロード（ウズベキスタン編）考古学成果展」が故宮博物院で開催された。「長年にわたり、我々はウズベキスタン科学院考古学研究所、国立民族大学、テルメ

中国ウズベキスタン サマルカンドサザカン遺跡考古学プロジェクト（写真：中国国家文物局）

ズ大学の学者たちと深い友情を築いてきました。」と、中国・ウズベキスタン共同考古学チームの中国側リーダーである王建新氏は人民日報に寄稿し、さらに「共同考古学チームが学術研究において突破口を切り開き、進展を遂げることができたのは、ウズベキスタン側の学者の皆さんの全面的な協力があってこそだと思います。」と記している。

両国の共同考古学調査の過程において、相互尊重が相互に信頼関係を築く基礎となる。中国は、かつて国外の考古学者や探検家による考古学的史料の略奪という辛い歴史を経験している。そのため、国外で共同考古学作業を行う際、中国の考古学チームは一貫して責任ある態度を堅持し、考古学研究の史料と情報を得ると同時に、文化財の保護、展示、考古学成果の社会的還元をしっかりと行うことで、現地での支持を得ている。

それだけではなく、中国側は、「考古学的発掘、遺跡保護、人材育成」という三位一体の作業モデルを構築し、ウズベキスタンの文化遺産保護のレベル向上に貢献している。ウズベキスタン科学院考古学研究所のアムールディン所長によると、西北大学中央アジア考古学チームはシルクロード考古学の空白を絶えず埋め続けると同時に、中国・ウズベキスタン双方に優秀な人材を育成しているという。

西北大学中央アジア考古学チームのメンバー任萌氏は、以下のように語った。「共同調査を通じて、古代シルクロード沿いの文明は、多様かつ色彩豊かで、調和がとれていたという歴史的事実が実証されました。作業中、現地の専門家と協力し、地元の人々の熱い思いも感じることができました。これは、シルクロードがつなぐ友好交流物語の続きと言えるかもしれません。」

中国の唐辛子でパキスタンの農家の生活が「ホット」に

宋豪新

摘む、干す、選別する、袋に詰める、倉庫に入れる――「今回初めて唐辛子を育てたんですが、こんなによくできるとは思っていませんでした。」パキスタンのパークパッタン地区の農家、ワシードさんは畑で唐辛子を収穫している。隣にいるのは、中国の専門家、趙建華氏で、丁寧に摘み方を指導している。赤々とした唐辛子を見て、ワシードさんの顔がほころんでいる。

ワシードさんと周辺の農家が育てている唐辛子は、種子も技術も何千キロも離れた中国四川省の成都市から持ち込まれた。

三年以上前、四川省にある「麗通食品有限公司」の責任者である陳昌偉さんは、種子と専門家を連れて海外へ出た。パキスタンの気候・温度・土壌などを総合的に調査・分析し、同じ四川省の「普慈農業発展有限公司」と提携し、「麗通経済回廊国際農業発展有限公司」を設立した。中国の大使館の支援と指導を受け、パキスタンのハイデラバード・ムルターン・カスール・オカラ・ラハールといったいくつかの地域で、大規模に唐辛子の栽培を始めた。

パキスタンのパークパッタン地区で唐辛子栽培している農家が豊作を喜んでいる（写真：四川省成都市郫都区委員会宣伝部）

二〇二一年、この唐辛子栽培プロジェクトはワシードさんが住んでいる村にも拡大された。唐辛子栽培の利益が大きいことを知り、ワシードさんは興味を持った。もともとはトウモロコシを栽培していたが、二〇二一年十一月から小規模で唐辛子の試験栽培を始めた。

収穫量から見れば、唐辛子栽培の平均収入は他の農作物の三倍ほどである。一ムー（約六百六十六・七平方メートル）当たりで、約千五百元の収入増となった。ワシードさんはプロジェクトが採用している受注栽培方式をとても気に入っている。「プロジェクト側が、我々契約農家に対して、苗の育成、畑の管理、収穫、乾燥などの技術サポートと指導を行ってくれます。そして、我々が栽培した唐辛子を乾燥させ、検査に合格したら、プロジェクト側が定価でそれを買い取ってくれます。」と語る。

ワシードさんと他の農家仲間数名で、じっくりと計算すると、一ムー当たりの収益が以前よりも倍以上に増えたことに気づいた。そこで、彼らはすぐにプロジェクト側と次の季節の唐辛子栽培計画の契約にサインした。

「二〇二二年から二〇二三年の栽培シーズンには、私たちはパキスタンで総面積一万五千エーカー（一エーカーは四千四十六・八六平方メートル）の土地で協力して唐辛子を栽培する予定です。乾燥唐辛子の三万七千五百トンの収穫、現地にもたらされる外貨は四千五百万ドル、数千人の期間雇用を創出することが予想されます。さらに、このプロジェクトにより、唐辛子栽培技術の人材を百人以上育てることができました。」

と、陳昌偉さんは述べている。

二〇二二年九月に行われた中国とパキスタンの農業協力プロジェクトチームの第三回会議において、「パキスタン唐辛子栽培事業模範推進プロジェクト」が初めて「中国・パキスタン経済回廊の農業プロジェクト」に入った。過去一年間で、パンジャーブ州とシンド州でこの唐辛子栽培プロジェクトに参加した六つの試験農場は大収穫だった。二〇二三年春、南パンジャーブ地域では集中的に育苗と移植作業を進めており、段階的に畑での管理作業に移行し、シンド州でも栽培作業は計画通り進行しはじめた。これらの乾燥唐辛子は中国市場に出回る予定だ。

パキスタンにある中国大使館の農業専門家、顧文亮氏は言う。「中国もパキスタンも農業大国です。パキスタンには広大で肥沃な農地があり、国の人口の六十パーセント以上が農業関連の仕事に従事しています。中国は、種子の育成や作物の栽培技術に関して豊富な経験を積んでいます。ですから、両国の農業協力は非常に大きな可能性を秘めています。」

農業分野における南南協力（開発途上国同士の協力）強化は、世界中の飢餓・栄養失調・貧困・不平等といった問題に取り組むための重要な手段である。近年、中国は開発途上国との農業分野での南南協力を積極的に進めており、多くの国と地域が持続可能な農業生産力を高め、開発途上国が共に発展することに貢献している。

パキスタンのパークパッタン地区で豊作となった唐辛子を干している様子（写真：四川省成都市郫都区委員会宣伝部）

グワダル港、地域の統合と発展を牽引

程是頡　楊迅　牟宗琮　任彦

「一帯一路」共同建設の代表的なプロジェクトとして、中国・パキスタン経済回廊（CPEC）が二〇一三年に始動した。パキスタン南西部に位置するグワダル港は、このCPECの先導プロジェクトであり、地域の相互接続の重要な中心点でもある。この十年間、「一帯一路」イニシアチブ提起に先導され、グワダル港は急速な発展の軌道に乗っている。以前はグワダルも辺鄙な小さな漁村だったが、徐々に重要な地域物流の中心地であり産業基地へと発展してきたのである。

荷役（船荷の積み卸し）設備の新設から、電力設備のグレードアップ、給水システムの改善、さらに関連工事の拡大に至るまで、この十年間、グワダル港は大きな変化を遂げた。今やすでに同港は三つの多目的バース（船の停泊場所）や、五万トン級の貨物船二隻を同時に接岸できる多目的埠頭となっており、フル稼働できる能力も備えている。

港湾設備が日々整備されるにつれ、グワダル港は近年、更に多忙化の様相を見せている。統計によると、二〇二三年上半期、グワダル港のコンテナ取扱量は千百六十二TEU（二十フィートコンテナ換算値）、ばら積み品取扱量は五十万六千八百トンに達し、

グワダル港埠頭（写真：王瑞磊）

好調な伸びを示している。

二〇二二年六月、中国の支援で建設されたグワダル東湾高速道路が正式に開通し、グワダル港と南部の重要都市カラチ間の輸送路が繋がった。

二〇二二年十一月、グワダル新国際空港の滑走路であるコンクリート路面が全線開通し、滑走路の等級は最高基準の４Ｆ級に達した。新空港が完成すれば、グワダル港の海上輸送ルートや東湾高速道路とともに、共同で陸海空による現代化立体交通ネットワークを形成し、地域の経済・社会の発展を推進していくだろう。

「海・陸・空の相互接続を通じて、グワダル港は益々地域における物流の中枢となっています。そして、中東や中央アジア、中国と実り多い連携関係を築き、パキスタンと地域諸国がより良く発展していくための機会を創出しています。」と、パキスタンのシンクタンクであるグローバルシルクロード研究連盟を創設したゼミル・アマン委員長は述べた。

二〇一八年一月、グワダル自由区が正式に開園した。設計計画によると、自由区は南北二つの部分に分かれ、二十五ヘクタールの土地を占める南区が着手区域である。自由区建設は主に、港の地理的位置、物流交通、減税政策等の利点を拠り所として建設され、商業と貿易及び産業の発展に焦点を合わせ、経済の活性化を図る。

この着手区域は当時、荒れ果てたゴビ砂漠に建てられた。現在では、工場の建物、倉庫も順調に完成し、グワ

グワダルビジネスセンター（写真：胡耀宗）

ダルビジネスセンター、展示センターが高くそびえたっている。目下、グワダル自由区における第一段階の建設、及び着手区域への外資企業の誘致と導入はすでに完了し、三十五社が参入しており、そのうち八社が資金投入して生産を開始し、投資総額は三十億元を超えている。

「グワダル自由区の建設において、我々はパキスタン側のニーズに合った産業チェーンの導入を重視しています。例えば、海産物の冷凍保存や輸送に携わる関連企業などです。以前、グワダルの海産物の輸出は、まずカラチに貨物を輸送し、それからまた中継ぎ輸送をしなければなりませんでした。自由区にコールドチェーン（温度管理された輸送・貯蔵システム）が設立されたので、海産物の物流と保管コストを大幅に削減できました。」と、グワダル港運営担当の中国海外港口控股有限公司の代表取締役の于博氏は語った。

北区の開発については、将来、中国とパキスタン両国、及び周辺国家の産業と貿易のニーズを結びつけ、グワダル港を中国・パキスタン経済回廊、南アジア、中央アジアの重要な産業協力基地にしていくだろうと、紹介されている。

グワダル港の急速な発展に伴い、グワダル地区は徐々に人々が大きな関心を寄せる新興発展地域になっている。過去五年間で、グワダルの商店数は五千九百二十五店から九千二十三店に、通信基地局は十八箇所から三十八箇所に、レストランは二十八店から七十店に、人口は二十六万三千人から四十四万五千人に増加した。

中国はさらに、グワダル地区の人々の生活向上にも積極的に貢献してきた。この地区の教育条件を改善するために、二〇一六年九月、中国和平発展基金会の寄付で建設されたファキール小学校が開校した。良好な環境と教育条件により、数キロメートル四方から子どもたちが集まってきた。二〇二〇年六月には、ファキール小学校は新たに拡張工事を行い、千人以上の生徒を収容できるようになっている。中学部を新設したため、ファキール小学校はファキール学校と改名され、また教育の新たなニーズに合わせて、多機能教室等の近代的な教育施設を配備している。

現地の深刻な砂漠化と緑化の困難という問題に焦点を合わせて、「一帯一路」熱帯干ばつ経済林工学技術研究センターがグワダル自由区に設立された。長年のたゆまぬ努力を経て、グワダル地区の植生被覆率は上昇を続け、過去に猛威を振るっていた砂塵は著しく減少した。

グワダル地区の淡水不足の状況を改善するため、中国の援助で建設されたパキスタングワダル海水淡水化（塩分を除去すること）プロジェクトが、二〇二二年六月に着手され、現在すでに工事は完了し、調整と試運転が行われている。プロジェクトの総敷地面積は三千五百平方メートルで、操業開始後は一日当たり約五千トンの淡水を生産できる。

「グワダル港は中国・パキスタン経済回廊の宝石であり、パキスタンの経済転換を推進するうえで極めて重要だ」と、パキスタンのモイン・ハック駐中国大使は述べている。

未来を信じ、質の高い「一帯一路」共同建設を絶えず推進していけば、グワダルは必ずや新たな活力と輝きを見せてくれるだろう。

サウジアラビアで中国からの荷物がたどる道のり

管克江

サウジアラビアは中国にとって中東地域最大の貿易パートナー国である。近年では、中国の「一帯一路」共同建設とサウジアラビアの「２０３０ビジョン」が深く連携し、中国とサウジアラビアの経済貿易関係はさらに緊密になっている。特に、多くのサウジアラビアの人々がＥコマース（ＥＣ）などのプラットフォームで中国の商品を購入している。記者は、地元の物流会社の配送車に同行し、中国からの荷物が中継センターから出発し、最終的にサウジアラビアの人々の手に渡るまでの過程を記録した。

サウジアラビアの首都リヤドの南部にある中継センターで、トラックが絶え間なく出入りしている。極兔速逓（J&T express）サウジアラビア会社が受け取った荷物は、まずこのセンターで税関の手続きを経て、仕分けされた後、各地の拠点や集配地へと運ばれ、最後に配達員が配送している。このセンターの責任者である孫建凱さんは、このセンターの広さは一万平方メートルで、一日に最大二十万個の荷物を処理でき、中東地域最大かつ自動化が最も進む物流センターであると話す。

買い物の繁忙期を迎え、このセンターでは毎日約六万件の荷物が処理されている。そ

リヤドの中継センターで仕分けをするスタッフ（写真：管克江）

のうちの半分は中国からのもので、残りの半分はサウジアラビア国内で販売されている商品である。午後五時三十分、記者とセンターのスタッフは、サウジアラビアのカシム州に向かう荷物の中からランダムに一つ選び、その荷物の受取人の許可を得た後、追跡取材を行った。この荷物は電子製品で、目的地はカシム州の州都ブライダから四十キロ、首都リヤドから約五百キロ離れた地点である。

極兎速逓サウジアラビア会社は、二〇二二年一月にサウジアラビアで設立され、現在では全国規模の配送網を作り上げているという。同社の中東地域ＣＥＯ、肖忠秋氏は「会社は長期にわたって中東に拠点を置くつもりです。地元の顧客に安定

荷物は遠くブライダの集荷センターへ送られる（写真：管克江）

した高品質のサービスを提供し、今後十年で、中国の企業は地元のパートナーとともに中東と北アフリカで二十億ドルを投資し、最大級の最先端スマート物流産業団地を設立する予定です。」と述べた。

その日に中継センターに届いた荷物が仕分けされた後、翌日の零時三十分、トラックが次々と各地に向かって出発した。首都リヤドからブライダへの高速道路は広く平坦で、多くのトラックが飛ばしている。トラックドライバーのムハンマドさんは記者に対して、中国からの商品は非常に人気があると語った。

取材中に、サウジアラビアで配送事業を展開する際の二つの大きな課題が浮き彫りになった。一つ目の課題は、砂漠が広がっているため、顧客の住所がはっきりしないことだ。それを克服するため、中国の宅配企業は「三段コードシステム」を開発した。配送エリアを大小三つに分け、最終的に宅配員が顧客と連絡を取り、具体的な住所を確認する。二つ目の課題は、電子決済がまだ十分普及していないという点だ。

経済のデジタル化を進めるために、近年中東の各国政府は電子決済を奨励する政策を次々と打ち出している。多くのＥＣプラットフォームも、電子決済のユーザー向けに様々なキャンペーンを行っている。トラックの運転手であるムハンマドさんは記者に対して、「中国の配送業やオンラインショッピングの

配送途中の配達員（写真：管克江）

影響で、周りの友達も次第に電子決済を試し始めていて、消費と支払いの習慣が変わってきています」と語る。

午前八時頃、トラックはブライダにある集荷センターに到着した。作業員はすぐに荷物を下ろし、バーコードをスキャンするなど、忙しくも整然とした作業を行っている。「私はここで八ヶ月働いていますが、中国の物流企業の効率は称賛に値します。」と、地元のスタッフである、カスタマーサービス担当のアブドゥラズィーズ・ムハンマドさんは、話す。また、記者に対し「サウジアラビアは経済の多角化に取り組んでおり、『一帯一路』共同建設は私たちに更なるチャンスをもたらしています。」と述べた。

十二時三十分、配達員の配送作業がスタートした。記者は配達車と共にブライダ南部にある都市ウナイザに到着した。配達品を受け取りに来たのは若い青年、アリ・セカイヒさんだ。彼は配達員のスマホアプリで署名をし、受取手続きを完了させた。アリさんは笑顔で記者に話した。「中国製品が大好きです。見てください、これが深圳から注文したノートパソコン用の冷却ファン。今、一番便利な冷却ファンでしょう。」彼はその

荷物を手渡す配送スタッフ（写真：管克江）

話をしながら、パッケージを開けて新たに手に入れた商品を記者に見せた。

アリさんはさらに、記者を自宅に招いた。記者が目にしたのは、家の中には冷蔵庫、テレビ、洗濯機など、家電製品が一通り揃っており、多くは中国ブランドだった。アリさんは普段から中国のニュースに注目し、中国の文化や知識に興味を持っている。彼は「古代シルクロードがサウジアラビアと中国を結びつけ、両国には長い交流の歴史があります。今日では、サウジと中国の経済協力が深まり、中国経済の発展が両国の人々に多くの恩恵を与えています。」と話した。

エジプト宇宙開発事業の発展を中国が支援

沈小暁

エジプトのニューカイロにあるエジプトスペースシティ衛星組立集積統合試験センター（AITC）では、中国・エジプト両国の技術スタッフが慌ただしく作業にあたっていた。二〇二三年四月、両国の合同チームが二週間の作業を経て、「エジプト2号」衛星プロジェクトの電気的性能試験を無事に完了し、その後の様々な現場試験、組立、試験作業の発展のための良好な基礎を築いた。このプロジェクトの責任者であるアハマド・ラフィ氏は、エジプト2号衛星を応用する見通しは広いとし、「このプロジェクトは、両国の宇宙協力分野のもう一つの模範となり、搭載された衛星技術の応用は、我が国の多方面での多大な発展に貢献するだろう」と述べた。

エジプトは、「一帯一路」共同建設の枠組みのもとで中国と衛星の共同開発を実施する最初の国である。二〇一四年十二月、中国とエジプト双方は協定に調印し、リモートセンシング衛星等の分野での協力実施を決定した。さらに中国側はエジプト初となる衛星組立集積統合試験センターの建設を引き受けた。二〇一九年一月、両国は、小型リモートセンシング衛星一基、地上管制ステーション一か所、衛星応用地上システム一式、及びエジプト人技術者の訓練などを含むエジプト2号衛星の運用協定に署名した。衛星の設計は両国で同時に行われ、組み立てはエジプトの衛星組立集積統合試験センターで行われ、さらに最終組み立て、検査、フェアリング分離試験終了後、中国に運ばれて打ち上げられる。この衛星のデータは、エジプトの都市計画、海洋資源、気象、農業などの分野で利用される見込みである。

重要な地上インフラとして、エジプトの衛星組立集積統合試験センターは衛星開発に不可欠である。これまで、エジプト側には衛星の最終組立や統合、試験をする独自のセンターを持たないため、外国から完成された衛星の輸入に頼っていた。同センターの建設により、エジプトは独自の衛星開発能力が高まり、国際的に先進レベルの宇宙インフラを持つこととなった。エジプト宇宙局の前最高経営責任者であるモハメド・クーシ氏は、エジプト2号衛星プロジェクトの完成後、エジプトは衛星の組立・集積・統合試験能力を完備したアフリカ初の国家となり、宇宙産業を大きく牽引する役割を担うだろうと述べた。

エジプト2号衛星は共同開発モデルを採用しており、チームの全ての持ち場は両国の割合が一対一で構成されており、エジプト側は衛星の設計、試験、組立、評価の各段階に深く参画する。中国側は衛星開発の過程において、関連施設を利用してエジプトの人材に訓練を提供する。「このプロジェクトは、エジプトの宇宙開発技術能力の向上と人材育成を強化し、我が国の自律的な宇宙開発のために強固な基礎を築いている。」と、エジプト高等教育科学研究部の前部長であるガファール氏は語った。

クーシ氏は、エジプトと中国の友好関係には長い歴史があり、宇宙分野における両国の協力は、エジプトの宇宙分野での国際的地位を飛躍的に高め、両国の宇宙開発技術協力を強化・深化させ、両国間の運命共同体構築のため堅固な基礎を築くことになるとし、「宇宙と科学技術面における両国の協力分野が将来さらに広がることを期待する」と述べた。

2023年4月、中国・エジプト合同チームが2週間の作業を経て、エジプト2号衛星プロジェクトの電気的性能試験を完了した（写真：中国航天新聞）

中国・エジプト共同での考古学が相互の文明交流を推進

沈小暁

早朝、エジプト南部の古代都市ルクソールの北に位置するモンチュ神殿遺跡が朝日を浴びていた。遺跡のそばにある中国エジプト共同考古学プロジェクトチームの事務室では、考古学者のハインド氏が手にした陶器の残片を慎重にぴったりと貼り付け、鉛筆で白い紙にその器の形状を軽くスケッチし始めた。「陶器の専門家はこれらの残片をもとに、文化財の種類、数、年代を分析して特定する。」とハインド氏は語った。

モンチュ神殿遺跡は、ルクソールで最も評判の高いカルナック神殿の一部である。一九四〇年代、フランスの学者がモンチュ神殿一帯の小規模な発掘調査を行ったが、その後長い間中断されていた。

出土品を整理している中国エジプト共同考古学チーム（写真：中国社会科学院考古学研究所）

二〇一八年、初の中国エジプト共同考古学プロジェクト～ルクソールのモンチュ神殿に関する中国エジプト共同考古学プロジェクト～が発足した。この五年間、両国の考古学分野での協力は目覚ましい成果をあげている。

ハインド氏は、二〇一九年に中国エジプト共同考古学プロジェクトの仕事に参加した。中国考古学チームとの協力により、中国文化をより深く理解することができ、異なる民族、異なる地域、異なる時代の文明の研究に新しい考えを切り開き、新たな視野を広げていった。「中国の同僚たちとは息もぴったり合っていて、協力関係もとても順調です。」と語る。

考古学調査に基づくモンチュ神殿遺跡の面積は三万平方メートルを超える。二〇一八年以来、中国エジプト共同考古学プロジェクトは既に第一から第四四半期にわたるフィールドワークを終え、多くの重要な発見をした。小神殿の全体的な輪郭だけでなく、泥レンガ塀等の付属建造物を初めて完全な形で発掘したうえ、石像、ブロンズ像などの貴重な文化財も得られた。泥レンガが敷かれた地面が発見され、それぞれの泥レンガには全て楕円形の印章が刻印されており、そこにモンチュ神殿を創建したファラオのアメンホテプ三世の即位名が記されていた。これらの発見は、モンチュ神殿地域の初期の建築分布を知る上で重要な役割を果たした。

二〇二三年四月、中国側チームは再度エジプトに赴き、新たに第一四半期の作業を開始した。「今期の作業は主に、陶器や文化財の修復作業が中心である。」と、ルクソールのモンチュ神殿に関する中国エジプト共同考古学プロジェクトの中国側執行リーダーであり、中国社会科学院考古研究所の研究員である賈笑冰氏は紹介した。

考古学の分野では、科学技術の利用が日増しに普及している。中国側の考古隊員は、欠損したモンチュ神殿の３Ｄモデルを作成し、神殿遺跡の様々な方向の正投影図や平面図を得て、考古作業の進捗状況に応じて定期的に更新し、神殿の研究、修復、保護に重要な技術的支援を提供している。「我々はモンチュ神殿遺跡を全方位から撮影し、一万八千五百四十二枚の写真を集めて、実際の光景を３Ｄで再構築しました。ほら、これがこれまでに明らかになった三つの小神殿です。」中国側の考古隊員である高偉氏は、三次元モデリングソフト上の3Dモデルを記者に見せながらそう語った。さらに「マッピング(測量と製図)作業はより正確で効率的であり、モンチュ神殿の外観を正確に再現するのに役立っています。」と述べた。

カルナック神殿区のムスタファ・サキール氏は、「中国チームはずば抜けた専門的素養を持ち、共同考古学活動に強力な責任を果たしてくれている。」と述べ、「今後さらにエジプトと中国の文化財・考古学分野での交流協力が拡大・深化し、そのことが両国国民の相互理解と経済的繁栄の促進に大いに役立ってくれることを期待している。」と語った。

整備が完了した第3小神殿発掘跡を、3Dモデル作成のために撮影しているところ(写真:中国社会科学院考古学研究所)

出土した残片を補強して保護しているエジプト側の文化財保護専門家（写真：中国社会科学院考古学研究所）

五年間の協力を経て、両国の考古学チームのメンバーは深い友情を結んだ。文化的背景は異なるが、考古学に対する熱意は同じで、仕事上でも生活の上でも非常に打ち解け合っている。「私の中国名は旭東です。日の出は東からという意味で、希望を表しています。」と、エジプト側の考古学チームメンバーであるフースニー氏は記者に語った。「中国人はとても友好的で、熱心です。私は今、余暇の時間を利用して中国語を勉強しています。そうすれば中国人の同僚と更にうまく仕事ができるようになり、中国のことをもっと理解することができると思います。」と述べた。

近年、中国とエジプトで共に築き上げてきた

「一帯一路」共同建設は大きな成果をあげており、それにより、中国・エジプトの文化交流と考古学協力は新たな段階に入ろうとしている。賈笑冰氏によると、中国とエジプトの文明の歴史は長いが、二つの古代文明は表現形式、形成メカニズムの面では異なっており、双方が手を携えて協力することで、互いの文明に対する理解を深めるのに役立つとしている。そして、「中国エジプト共同考古学プロジェクトは世界文明のイニシアチブの実践であり、文明交流と相互学習・相互参照の促進の具現化であります。中国とエジプトチームが相互尊重を基礎として、互いに学び合い、参考にし合うことは、互いの距離を縮め、文化交流を文明継承の促進に役立ちます。」と述べた。

エジプト文化財最高評議会のムスタファ・ワジリ事務総長は、エジプト中国共同考古学プロジェクトを高く評価した。「中国は、考古学の分野において世界トップクラスのレベルにあり、モンチュ神殿での彼らの仕事は非常に素晴らしいものだった」と語った。またワジリ氏は、「エジプトと中国の両国は、団結協力、互恵共栄の模範であり、今後、より多くの中国考古学チームがエジプトで仕事をすることを歓迎する。」と述べた。

エジプト観光・文化財省のイサ部長は、「エジプトも中国もいずれも文明古代国であり、両国民は互いの古代文明と文化遺産に対し敬慕の念に満ちている。」と述べた。また近年、エジプトと中国の共同考古学の成果は目覚ましいものがあるとして、「考古学分野での両国のより深い強力と、更なる成果を期待している。」と語った。

中国企業、タンザニア港湾開発を援助

黄培昭　沈小暁

ダルエスサラーム港は大忙しの様子だ。コンテナをけん引するトラック、クレーン、フォークリフトなどの港湾機器が行き来し、次々と荷物満載の貨物船が入港している。クレーンは休む間もなく動き、荷物の積み下ろしが整然と行われている。この港は、タンザニアの「玄関口」であり、インド洋の西岸に位置する。タンザニアの輸出入の約九十パーセントがこの港を通過し、多くの東アフリカ諸国にとっても海の玄関口であり、経済的な要衝となっている。改修拡張プロジェクトが始まる前は、施設が老朽化し、停泊場所が狭く、増え続ける貨物輸送を十分に処理できていなかった。

約一年以上前、中国港湾工程有限責任公司

タンザニア・ダルエスサラーム港の遠景（写真：黄培昭）

（China Harbour Engineering Co., Ltd.）が手がけたタンザニアのダルエスサラーム港の一号から七号の停泊場所の改修・拡張工事が完了し、稼動を始めた。この港の年間取り扱い量は千七百六十五万トンにのぼり、以前に比べ約二十六パーセントの増加となった。以前は最大で二万トンの貨物船しか停められなかったが、今では七万トン級の大型貨物船が停泊できるようになった。中国港湾タンザニア開発プロジェクトの責任者、卞亮さんによると、この港が稼動してから、稼動効率と貨物の取り扱い能力が大きく向上した。これはタンザニアの貨物取り扱いの需要を満たし、さらに、ウガンダ・ルワンダ・ブルンジなどの内陸国の輸出入も後押ししている。

タンザニアの大統領、ハサン氏は、ダルエスサラーム港の改修・拡張工事が「港の総合的な稼動効率を高め、地域経済の発展に大きく貢献しています。これにより、タンザニアの社会経済が成長し、東アフリカの内陸国家の輸出入が便利になりました。」と指摘している。タンザニアの『国民報』は「このプロジェクトによって港の貨物の取り扱い能力が大幅に増加し、ダルエスサラーム港が東アフリカの重要な港としての地位を強化している。このことが社会経済の発展に大きく寄与している。」と報じている。さらに、この改修・拡張プロジェクトのために、現地ではプロフェッショナルな人材も多く育成された。

タンザニア人女性、ジョイスさんは、以前中国の港湾会社で五年間働いていた。その時、彼女はダルエスサラーム港の改修・拡張プロジェクトでの人事担当責任者だった。中国の同僚と一緒にプロジェクトに参加した数年間で、人事に関する専門的な知識はもちろん、港湾建設に関する知識も得ることができた。優れた成績により、去年彼女はタンザニア港湾局に正式に採用された。ジョイスさんは「タンザニアと中国のインフラ整備の協力が、両国民同士の絆を深める重要な役割を果たしています。中国企業での勤務経験は、私の職業人生で貴重な財産となりました。」と話している。

港の処理能力をさらに向上させ、東アフリカ地域の経済発展の需要に対応するため、ダルエスサラーム港の第二期プロジェクトがすでに始動している。このプロジェクトには、港湾と航路の浚渫（しゅんせつ：海底の土砂を取り除く作業）、沈没船の引き上げ、

ダルエスサラーム港のスタッフ（撮影：黄培昭）

航行支援設備の調達と設置などが含まれている。第二期プロジェクトの責任者である単紀峰さんは、浚渫作業中に、中国が独自に開発建造したドラグサクション浚渫船「通旭号」を使用し、高い環境保護基準で厳格に稼働しており、これらの作業は、事業主や監督当局から高い評価を受けている、という。

「ダルエスサラーム港の改修・拡張プロジェクトや浚渫工事は、中国がタンザニアインフラ整備と社会経済発展を支援してきた分かりやすい具体例です。」と、ダルエスサラーム大学の中国研究センターの主任、ハンフリー・モシ氏はそう語る。彼は、「タンザニアの発展は中国の支援なしでは考えられません。タンザニアの多くの現代的なインフラ設備は、中国の援助で建設されており、タンザニアと中国の協力は、タンザニアの発展を後押しする強力なエンジンとなっています。」と述べている。

中国のハイブリッド米がマダガスカルでの自給自足を後押し

閻韞明

マダガスカルのマイチ町にあるハイブリッド米のモデル農地（写真：閻韞明）

マダガスカルの首都アンタナナリボから車に乗ると、一時間余りで、マイチ町にあるフィアダナクリ村に着く。この村では、ちょうど出穂期を迎え、稲はそよ風に吹かれ、緑の稲は美しく波打つ。見渡す限りの水田だ。四十四歳のコメ農家、ディナさんは、自分の田んぼの畦道を歩いて、水稲の成長をチェックしている。「あと一か月で収穫できる！」ディナさんは、収穫に自信満々だ。

ディナさんが栽培する稲は、中国の専門家がその地域のニーズに合わせて開発した「高収穫量、優良品種、高耐性」のハイブリッド米である。二〇一七年に、地元の農業技術者と中国の専門家がこの村にハイブリッド米の技術を紹介しに来たとき、ディナさんも試験栽培に参加した。「以前あの辺りでは三百キロの稲しか収穫できなかったけど、その年は干ばつで大した期待もしていなかったのに、最終的には九百キロ以上も収穫できたんです！」数年経っても、ディナさんはその時の驚きを昨日のことのように覚えている。その後、ディナさんは自分の土地の稲をすべてハイブリッド米に替えた。

最初、ディナさんはハイブリッド米の栽培技術をよく知らなかった。「中国の専門家が手取り足取り種まきや苗の植え付けの科学的な方法を教えてくれました。乾燥したり、水没したり、虫が発生したり……何かあれば、すぐに助けてくれました。」とディナさんは言う。気候条件により、一年に一回しか稲を植えられなかったため、以前は収穫量が少なく、一家は収穫物を半年で食べ尽くしてしまい、穀物を買うのも大きな出費となっていた。「でも今は、我が家の稲の収穫量が以前の一ヘクタール当たり三トンから十トン近くにまで増えました。年末には八百キログラムもの余剰穀物があって、一キロを千三百アリアリ（人民元で約二元、日本円で四十三円）で売れるので、それが主な収入源になっています。」とディナさんは話す。

田んぼから小道を一つ挟んで、赤い壁と白い瓦の二階建ての小さな建物がある。「これは私たちが新しく建てた家です。」とディナさんは誇らしげに記者に語った。ハイブリッド米を植えた後、私たちの生活はどんどん良くなりました。」

マダガスカルでは、全国の四十四パーセントの耕作可能地で稲が栽培されており、人口の七十パーセントが水稲栽培に従事している。コメは現地でとても大切な食糧である。しかし、気候条件が複雑で、優れた品種や基礎となる栽培技術が不足しているため、米の生産量は低く、国の食糧需要を満たせていない。二〇〇七年、中国がマダガスカルにハイブリッド米のデモンストレーションセンターを開設した。中国から胡月舫氏ら数名の農業技術専門家がマダガスカルにやって来た。十年あまりで、彼らは現地のほぼ全ての水稲栽培地域を回り、現地の品種改良技術者、数百人が訓練を受けた。「最初に来たとき、たくさんの人々は米が食べられず、キャッサバやサツマイモ、とうもろこしを代わりに食べていました。我々中国の専門家の支援によって、今では、米は多くの家庭の食卓に上がっています。」と胡月舫氏は言う。

アロさんは、農業技術者であり、胡月舫氏の学生だ。彼はマダガスカルの農業部門の公務員で、過去に二度、中国の湖南省長沙に研修に行っている。研修から帰国後、マダガスカルのアンブヒドラトリム地区で栽培農家にハイブリッド米の技術サポートをする活動を続けている。「多くの農民がハイブリッド米の栽培にチャレンジしています。私の担当地域では既に二百人以上の農家の人々がこの栽培技術をしっかりと身につけています。」アロさんの願いは、中国とマダガスカルが今後も密接な農業協力事業を継続し、さらに大きな耕作地でこのハイブリッド米を栽培することだ。「中

ハイブリッド米農地で作業する現地の栽培農家（写真：閻韞明）

国のハイブリッド米によってマダガスカルにおける米の自給自足を実現することができます。また、多くのアフリカの国々にも導入して、食糧安全保障の解決に役立ててほしいと思います。」

二〇一九年、中国国家ハイブリッド米工程研究アフリカセンターが、マダガスカルのアンタナナリブ近くのマイチ町に設立された。このセンターは、現地で先進的農業技術者の育成を行い、また、各地域の多様な気候条件に合ったハイブリッド品種の選定にも力を入れている。マダガスカルの農業・畜牧業・漁業部（現在のマダガスカルの農業牧畜業部）の前秘書長、ラハリノメナ氏は、中国政府の支援によって、マダガスカルでのハイブリッド米の研究と開発が順調に進んでおり、中国は世界におけるハイブリッド米研究の先駆者であり、中国政府がマダガスカルとアフリカ全体の農業発展に貢献していることに感謝していると述べた。

中国企業、南アフリカの工業発展に寄与

鄒　松

広々とした平坦な道路、整然と流れる車列、きれいに並んだ工場—記者が最初に抱いた印象だ。ここは、南アフリカのケープタウン市にあるハイセンス南アフリカ工業団地。工業団地のテレビ工場のライン主任であるバレリさんはすでに定年間近だ。「私は、この分野で働いて三十年近くになります。この工業団地にきて十年目です。スキルアップしている若い人たちを見ていると、とても嬉しくなります。」と記者に語った。

バレリさんは過去に工場が倒産して失業し、小さな商売をしながら何とか生計を立てていた苦しい時期も経験している。工業団地がケープタウン市のアトランティス工業区に設立された後、彼女はすぐに応募した。「私はそこで一から仕事を始め、研修を受け、チームリーダーを経て、ライン主任になりました。さらには後輩も育てています。私たちが作ったハイセンスの製品は、南アフリカのあちこちの電器店で見かけることができます。それを見ると大きな達成感を感じます。」とバレリさんは嬉しそうに話していた。

二〇一三年にハイセンスグループ（以下ハイセンスと省略）と中国アフリカ発展基金は共同で三億五千万ドルを出して、南アフリカにハイセンス南アフリカ工業団地を建設した。発展は幾年にもわたり、この工業団地は年間四十万台のテレビと四十万台の冷蔵庫を生産する規模になった。現在、ハイセンスのテレビ、冷蔵庫、エアコンなどの家電製品は、南アフリカにある十八の大型チェーン店の五千店舗以上で販売されている。さらに、南アフリカの家電市場でのシェアは三十パーセントに落ち着いている。さらにモザンビーク、ジンバブエ、マダガスカルなどアフリカの十か国以上やイギリスなどのヨーロッパ市場にも輸出されている。ハイセンス南アフリカ工業団地の追い風を受けて、多くの関連工場がこの場所に集まってきている。今や、アトランティス工業区は南アフリカで重要な電子製品と家電

ハイセンス南アフリカ工業団地内の部品生産ラインで電動機械を組み立てている現地スタッフ（写真：鄒松）

ハイセンス南アフリカ工業団地内の生産ラインで働く現地スタッフ（写真：鄒松）

製品の生産拠点であり、南アフリカの国家レベルの特別経済区として認定されている。

「ハイセンス南アフリカ工業団地が更なる中国企業の南アフリカ進出を後押しし、南アフリカの再工業化を強力にバックアップしています。」と南アフリカ・ヨハネスブルグ大学のアフリカ中国研究センターの研究員、シゾ・ンカラ氏は述べている。

中国企業は、南アフリカの工業化を後押ししながら、人材の育成にも非常に力を入れている。バレリさんをはじめとする多くの従業員が、企業が提供する職業訓練プログラムに参加している。このプログラムの効果で、現在、工業団地内での管理職の約七十パーセントが地元のスタッフである。さらに、地元の若者の就労スキルを高めるために、ハイセンスはアトランティス中学とも協力し、ハイセンス南アフリカ技術研究開発トレーニングセンターを設立。ここでは電子技術、ソフトウェア、機器制御などを教え、これまでで合計千四百人以上が訓練を受けた。

今では、バレリさん一家の生活はとてもよくなった。「この仕事が私の家庭を大きく変えました。私たちの家も広くなり、退職後は安心して過ごせます！」バレリさんと同じように、アトランティス工業区の多くの住民も、工業団地や周辺の関連産業で仕事を見つけている。多くの従業員は車も買った。工業団地は設立以降、地元の人々千人に働く場所を与え、間接的には五千人の雇用を生み出している。

二〇二三年は中国と南アフリカが国交を樹立してから二十五周年だ。南アフリカの外交・国際協力省の副大臣、アルヴィン・ボテス氏は、「中国企業は南アフリカの工業化と発展に持続的且つ多大なる貢献をしています。今後も両国がさまざまな分野でより豊かな成果を上げることを期待しています。」と語る。

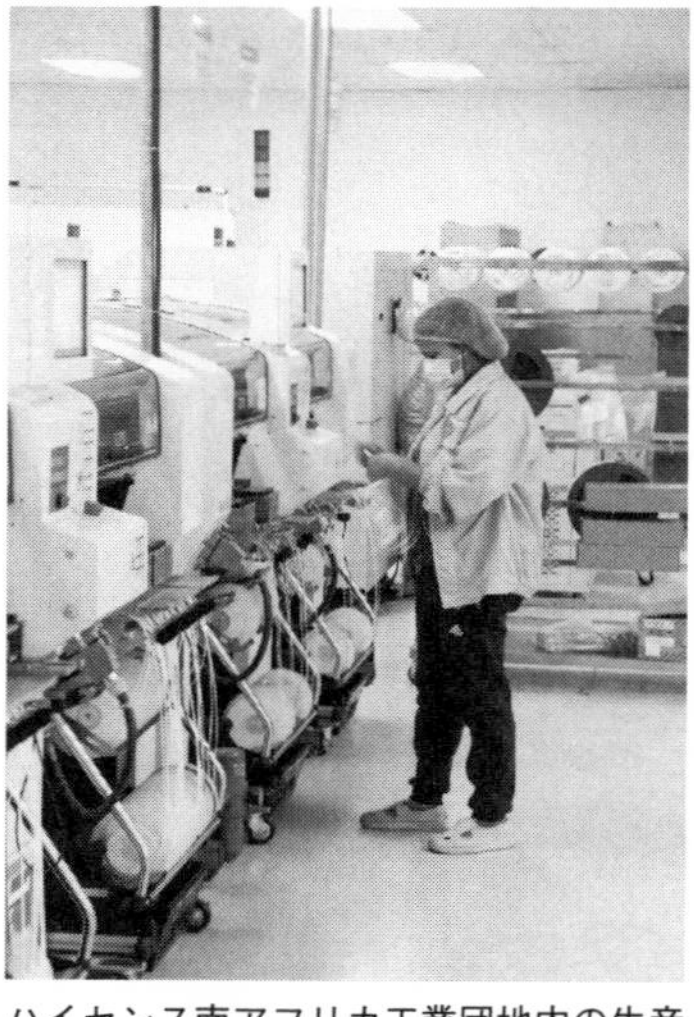

ハイセンス南アフリカ工業団地内の生産
ラインで働く現地スタッフ（写真：鄒松）

菌草栽培が幸福をもたらす

林冬梅

二〇二三年開催された国連第八回科学技術イノベーションフォーラムで、パプアニューギニアの農民コロラマさんが、科学技術による貧困削減の経験を世界に伝えた。パプアニューギニア東部山岳州の山奥からニューヨークの国連ビルまで、コロラマさんの人生はかつてない高みにまで到達した。

コロラマさんの運命を変えたのは、「幸福の草」と呼ばれる菌草だった。「中国・国連平和開発基金菌草技術プロジェクト」の受益者の女性代表として、コロラマさんは、国連本部で初めて登壇した菌草栽培農民となった。「中国の菌草専門家の技術訓練と指導により、私は村の二十五人を雇って、そのほとんどは女性でしたが、毎週二百キログラムの新鮮なキノコを生産し、現地の業者に販売しました。すぐにお金が稼げて、家族のために新しい家を建て、新車も買いました。さらに、中国の専門家と協力して、周辺の十の村の千五百人以上に訓練を行いました。みんなの収入が増え、コミュニティの栄養不良レベルも七十パーセントから五十五パーセントに下がりました。」というコロラマさんの発言は大反響を呼び、その成功は周囲のより多くの人々を励ました。「今では毎

レソトの首都マセル郊外で、キノコ栽培技術を学ぶ現地の一家が菌草ビニールハウス前で撮影した集合写真（写真：万宇）

日たくさんの人からお祝いの電話がかかってきて、菌草栽培を学びたいと言ってきています。」とコロラマさんは語った。

菌草技術は中国が貧困削減と貧困脱出を推進する過程で模索した成功実践事例で、世界の持続可能な開発を後押しする中国の重要な貢献でもある。菌草技術は「木の代わりに草」で食用キノコを栽培することで、「食用キノコの生産は樹木伐採に頼らざるを得ない」という世界的な難題を解決し、今ではすでに百カ国以上の国に導入されている。

私は今、国家菌草工程技術研究センターの副主任を務めている。この二十年間、コロラマさんのような女性にたくさん出会ってきた。ルワンダの大虐殺犠牲者の未亡人もいれば、レソトの失業中の若者、フィジーの障害者女性もいた。菌草技術を学んだ後、起業家や科学者になった者もいた。彼女たちから、貧困を解消し、幸福をかみしめたいという発展途上国の女性たちの強い願いを感じるとともに、菌草技術は現地の人々の福祉を増進し、特に女性の生活状況の改善に重要な役割を果たしていることを知った。

二〇〇五年に南アフリカのクワズール・ナタ

中国主催のキノコ技術訓練に参加したフィジーの訓練生が生産したキノコを展示しているところ（写真：国家国際発展協力署公式サイト）

ール省で働いていた時、菌草技術が貧困女性の運命を変えられることに私は初めて気づいた。シングルマザー、シングル祖母は、現地では普遍的に存在する貧困層で、土地もなく、教育も受けておらず、政府から提供された仕事の僅かな収入だけに頼っていた。人に魚を与えても急場しのぎにしかならないが、人に漁の仕方を教えると一生食いっぱぐれがない。菌草技術を習得した後、彼女たちは収入を増やし、子供たちを学校に通わせ、村で雑貨屋を開き、さらには車を買って人を雇い運送業の経営までずることができ、自分と家族の運命を完全に変えたのだ。

国連の持続可能な開発のための2030アジェンダには、十七の持続可能な開発目標があるが、菌草技術プロジェクトは、「ジェンダー平等」を含む十三の目標に貢献できる。多くの発展途上国において、菌草技術は女性の地位を効果的に向上させるだけでなく、模範的効果も形成し、現地社会の生産力と経済の活力をも高めることができる。中国の専門家の指導の下、フィジーの一部の地元女性、特に障害者も菌草の栽培をすることにより生活が改善された。中国支援によるフィジーの菌草技術モデルセンターで訓練した二千人近くのうち、女性が五十六・七パーセント、障害者が四・八パーセントを占めている。

南アメリカでは、七十代のブラジル農業科学院のニーナ・オレド教授によって初めて菌草技術が普及した。一九九五年、オレド氏は中国を訪れて菌草技術研修に参加し、その後ずっと南アメリカで菌草技術の現地化研究と普及に努め、二千人以上を育成してきた。そして中国の教材『菌草技術』をポルトガル語に翻訳してブラジルで出版している。

菌草産業を発展させ、全人類を幸福にする。菌草は中国から全世界へと広がり、持続可能な発展の道をもたらした。女性は菌草事業発展に不可欠な力であり、今後、より多くの「彼女」が菌草によって夢を実現できると信じている。

第二部

シルクロード精神の継承

―中国が世界と発展する「一帯一路」共同建設―

「一帯一路」共同建設、人類繁栄に貢献

史志欽

「一帯一路」共同建設が提唱されてから十年、相互利益と開かれた協力の理念に基づく、この中国の構想はますます人々の心に浸透し、広く深く国際的な影響を及ぼしている。

「一帯一路」共同建設の鍵は、相互接続である。中国は共同協議・共同建設・共有の原則を堅持し、政策の協調・インフラの相互連結・貿易の円滑化・金融の協力・民間交流を後押しし、多層的で広範な国際協力体制を築く。確実に協力を深め、協調と連携の取れた発展を促進する。また、政策の協調を推進し、各国間の政治的信頼を強化する。共同発展の合意形成をし、インフラの相互連結を推進する。交通渋滞と遮断を解消し、安定的な世界サプライチェーンをバックアップする。貿易の円滑化を推進し、互恵的な協力を活性化し、金融の協力を推進する。そして、アジア投資銀行・シルクロード基金などの新興金融機関とともに多様化した投融資システムを健全にし、民間交流を推進する。「一帯一路」共同建設の広範な社会的基盤を築く。現在、世界経済の早急な回復は急務であると同時に、多くの課題と困難に直面している。このような状況において「一帯一路」共同建設の国際協力は、世界経済復興の大きな原動力となっている。

持続可能な開発のための２０３０アジェンダ、「ＡＳＥＡＮ共同体ビジョン２０２５」、ＡＵ「２０６３アジェンダ」等沿線国及び地区の成長戦略が効果的に接続することで、「一帯一路」共同建設は、参加側に共通の利益をもたらし、多くの成功を収めている。また、世界銀行の報告によると、二〇三〇年までに、「一帯一路」共同建設により、世界の七百六十万人が極度の貧困から、そして三千二百万人が中程度の貧困から脱却することが期待されている。つまり、「一帯一路」共同建設が目指すのは発展であり、重視するのは、ウィンウィンの関係、そして伝えるのは希望である。中国は高水準、持続可能性、そして人々の生活向上を目標に、健康・環境・デジタル技術・イノベーションなどの多様な分野での協力を積極的に進めている。さらには、新たな成長のエネルギーと発展の道を探求しながら、グリーンインフラ、グリーンエネルギー、グリーン金融などの分野での協力を強化している。これにより生み出された成果が地域に根ざし、人々の共感を得、「一帯一路」共同建設は、より多くの国の人々に幸福をもたらしている。

「一帯一路」共同建設は、経済協力と人文交流を共に推進し、文明間の交流と相互理解を通じ、信頼の不足と文化の違いを乗り越え、人類運命共同体を構築するため文化基盤を強化する。過去十年間で、中国は教育・科学技術・文化など多くの分野での人文交流と協力を推進して来た。中国と外国との文化交流は広く深く発展し続けており、科学技術領域の交流と協力を例に挙げれば、二〇一七年に「一帯一路」共同建設科学技術イノベーション行動計画が開始して以来、中国は「一帯一路」共同建設に参加する国々と科学技術・人文交流・共同研究室の設立・科学技術の協力・技術移転などで協力を進めている。二〇二一年末までに、中国は八十四カ国と科学技術分野での協力関係を築き、千百十八件の共同研究プロジェクトを支援している。

「一帯一路」共同建設は、グローバルガバナンスシステムに新たな貢献をもたらしている。このイニシアチブは、「共商、共建、共享」（共に話し合い、共に建設し、共に分かち合うこと）という原則に基づき、開放性、持続可能性、透明性といった理念を実践している。その目標は、高品質、持続可能性、人々の生活向上を実現することであり、これによってよりバランスのとれた、公正かつ合理的なグローバルガバナンスモデルを構築することを目指す。そして、そのために新たな取り組みを行なっている。さらに、第三国市場との協力モデルも考慮しており、世界経済における新たな協力方式を生み出している。全体として、「一帯一路」共同建設は原則から目標、戦略、実際の取り組みに至るまで、グローバルガバナンスシステムを絶えず革新し、改善している。このように変化と課題に満ちた時代である今、この「一帯一路」共同建設は多国間の団結と協力、そして、各国が困難な時局を乗り越えるための基盤となっている。これは、相互利益と共有という中国の理念が時代に求められていることを表している。

中国は、開放的かつ寛容な精神で、さらに多くの国や企業が「一帯一路」共同建設に深く参加するように後押ししている。イノベーションを促し、お互いの長所を生かし合い、そして、利益を共有する方法を探求していく。こうすることで、開発途上国にさらに多くの成長の余地とチャンスを与え、世界のルールや制度をより良くするための新たな貢献をし続けるのだ。

（筆者：清華大学社会科学院教授）

古代港遺跡「海上シルクロード」の繁栄を再現

梁岩華

八つの宋時代の埠頭、二隻の宋時代の沈没船、何トンもの宋元時代の磁器の破片、さまざまな形の木製漆器などの遺物が見つかった。これらは宋元時代と明清時代に建てられた朔門瓮城の関連遺跡である。また、千年にわたる海岸線の変化を示す堤防、橋、水門、歩道などの建築遺跡も発見された。これらは二〇二一年から二〇二二年のインフラ整備に伴う考古学調査の際、浙江省温州の朔門古港遺跡で発見された。この遺跡は、温州がかつて海上シルクロードの重要な拠点として繁栄していた様子を再現している。

この遺跡は海上シルクロードの港湾遺跡の考古学研究において、これまでで最も重要な成果の一つである。「世界の航海史においても非常に価値があり、海上シルクロ

朔門古代港と江心嶼の航路標識塔の俯瞰図

ードが世界遺産登録の申請される際の後押しとなるだろう」と、国際古跡遺産理事会の姜波副主席は評価する。

温州の古城はすでに千七百年の歴史を持っている。この城は東西が山に囲まれ、港は広く水深は深く、海岸線は緩やかである。地理的条件に恵まれ、温州は強固な城壁と自然の良港を兼ね備えた港町となった。そのため、城や港の場所はほぼ昔のままである。中国の東部海岸線の中間に位置している上、良港の条件を備える温州は非常に早い段階で海上シルクロードの重要な拠点となった。

二〇一八年に、永嘉の甌北丁山の古墓群から東晋時代の墓が発掘された。その中から古代ペルシャ、ササン朝の起源を持つ装飾ガラスの碗が出土し、これは温州が早い時期から「海上シルクロード」を通じ貿易を行っていた重要な証拠となっている。唐時代末には、温州は日本の商人がよく停泊する主な港となった。北宋時代末から元時代にかけて、龍泉窯の勃興とともに、温州港は最盛期を迎えた。

多くの山と海岸に囲まれ、外国との経済交流が盛んである温州は、非常にユニークな文化をはぐくんできた。温州の人々は、昔から舟の使用や航海技術に長けており、商業と工業の発展が彼らの思想にも影響していた。さらに、温州は長い間、中国で重要な造船の基地の一つであり、その造船技術は国内随一である。

最近、考古学的に、二隻の沈没船が宋時代の福船であることが分かった。これらの船は、当時最先端であった龍骨構造や水密構造が用いられている。また、遺跡には元時代の磁器片が多く、その九割以上は龍泉窯磁器である。

南宋時代から明時代の中頃にかけて、龍泉窯磁器は輸出用の陶磁器として高い地位を築いていた。温州は航海の出発地点として、また川と海の交通の要所として、龍泉窯磁器の主要な集散地であり、輸出港であった。今回の発掘で密集した桟橋の遺跡や大量の磁気が発見され、温州港は海上シルクロードの拠点であり、龍泉窯磁器貿易の中心港であったことが裏付けられた。

海上シルクロードの研究は通常、生産・運送・市場の三つの要素からなる。朔門古代港の遺跡は、これらの要素が完璧にそろっており、港・船・航路・灯台・都市・窯業など、すべての要素を網羅している。この発見は、国内外の海上シルクロードに関する港湾遺産の空白を埋め、研究を深めるという点において非常に意義深い。海上シルクロードは古い歴史を持ちながらも、今もなお新しいエネルギーに満ちている。時代とともに、この航路沿岸の人々に豊かさをもたらし、理想的な生活を作り上げている。

歴史を超えて、近年の温州港は貿易用コンテナの事業が盛んになっている。特に、外国貿易航路のネットワークが緊密化し、現在、十一の航路を持っている。温州は、さらに開放経済を急成長させ、外国との経済交流のための積極的な体制を整えている。

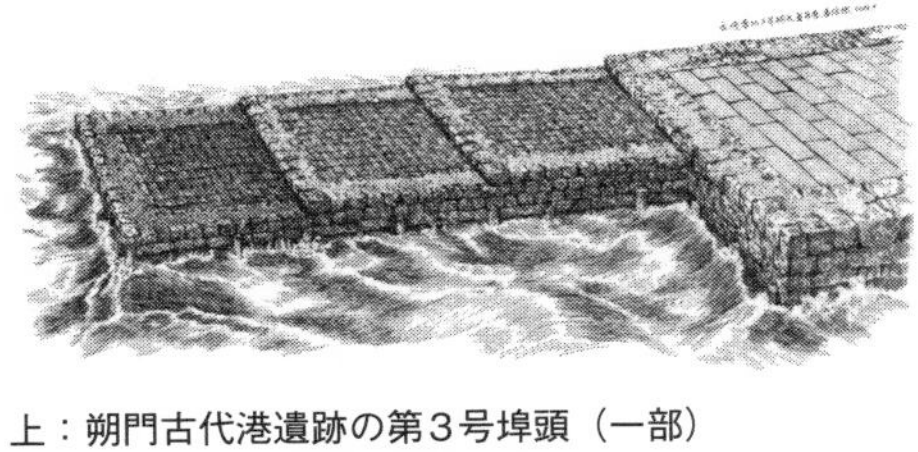

上：朔門古代港遺跡の第３号埠頭（一部）
下：朔門古代港遺跡第３号埠頭復元図

温州は国家文物局の考古研究センターと協力し、この古代港遺跡を軸に朔門古代港遺跡公園を建設し、海上シルクロード文化の研究を着実にすすめ、文化財保護にも力を入れ、さらに多くの人々が遺跡と直接触れ合えるようにする予定だ。

この古代港遺跡は、新しい時代のエネルギーに満ちた「千年商港」であることを示している。

（筆者：温州朔門古代港遺跡考古プロジェクト責任者）

上：朔門古代港遺跡から出土した北宋時代後期の陶磁器
下：南宋の青い釉薬と茶色の彩色、魚紋の洗面用陶磁器
（以上、写真提供：梁岩華）

文化遺産を守り、互いの文明に学ぶ

杭　侃

山西省大同市雲崗石窟（写真：李鷹）

文化遺産を守る事、それを次世代に伝えることは、人類共通の責任である。中国には五十七もの世界遺産がある。その中には、万里の長城・敦煌の莫高窟・頤和園・雲崗の石窟・福建の土楼など国際的に有名な名勝古跡が名を連ねる。

文明の多様性は、普遍的な特性であり、それこそが人類を進歩へと導いてきた。二千年以上前、中国人は「物の斉しからざるは物の情なり（万物は一つとして同じものはないということが、物の本質である）。」文明が繁栄し、人類が進歩を遂げてきたのは、共通点を探し、違いを受け入れたてきたからこそであり、まさに異文化間の交流が人類を進歩と発展へと突き動かしてきたのである。

世界遺産である雲崗石窟では至る所で外国との文化交流の跡がうかがえる。例えば、最初に開削された五体の大きな石窟の一つ、第十八窟の北壁には、ヨーロッパ人のような弟子の像がある。しかし、ヨーロッパの石匠が雲崗石窟の開削に加わったという文献は見つかっていない。こうした異国情緒漂う姿は外国との文化交流があったことを示している。また、雲崗石窟の装飾模様は異文化が混ざり合い、柱の部分でも異国文化の影響を受けていることを如実に表しており、古代ギリシャの「イオニア式」の柱もあれば、ペルシャやインド式の柱も多くみられる。

異なる文化がお互いに学び合うことで技術が進化し、古代から現代にいたるまで世界中に影響を与え続けている。例えば、陶磁器は古代中国王朝からの贈り物として世界中に広まったものだが、今日でもその技術は進化し続けている。レアアース素材やさまざまな金属元素を混合し、多様な焼成技術を用いた高度な陶磁器（セラミック）は、生物医学分野で人工骨や人工関節に使用されている。そして、水稲も例外ではない。中国南部の稲作システムは世界的に重要な農業文化遺産に登録されている。稲の交配技術は人類の生活を豊かにしたのである。アフリカでは十六か国がこの中国の品種を栽培しており、マダガスカルでは、この品種の稲がお札に描かれている。

最近、海外の傑作を揃えた文化財展示が中国で増えている。これは、現代中国が開放的であることを表している。たとえば、二〇二三年三月から六月まで故宮博物院で開催された「譬若香山—ガンダーラ芸術展」は、多くの人々を引きつけた。ガンダーラは古代シルクロードで主要な交通路であり、その地域の芸術はギリシャ、ペルシャ、インドなど多くの文明が交差し融合し生み出されたものだ。これらは、シルクロード沿いでの文化交流と創造のエネルギーを物語ると同時に輝きを放っている。

二〇一六年から二〇二〇年までに、中国での文化財の出入国展示は三百以上に達した。「華夏の至宝」展や「東西交流—十三〜十七世紀海上シルクロード」文化財展、特にアジア四十六か国とエジプト・ギリシャが共同開催した「美しいアジア—アジア文明展」は、中国と世界の文明がどのように交流しているかを示している。これらの展示は、中国の「一帯一路」プロジェクトでの文化交流の「金色の名刺」といっても過言ではない。

2022年7月17日、観光客が中国国家博物館で「イタリアの起源—古代ローマ文明展」を見学する様子（写真：楊僧宇）

文化遺産保護は、人類共通の責任である。二〇一五年には、ネパールでマグニチュード八・一の大地震が発生し、多くの文化遺産が被害を受けた。その後、二〇一七年八月に中国政府はネパールの首都カトマンズにあるダルバール広場の九層神廟の修復プロジェクトをスタートした。これは、中国がネパールで行った初の大規模な文化遺産修復プロジェクトである。

現在、文化遺産保護は文化交流で最も成長が期待される分野である。例えば、中国が中央アジアで最初に行った文化遺産保護プロジェクトとして、ウズベキスタンの古都ヒヴァの歴史遺跡の修復が二〇一九年に無事完了した。このプロジェクトでは、中国は現地の文化や歴史、伝統的な技術を研究しつつ、自国の文化遺産保護の理念や技術、経験を活用した。さらに、バングラデシュの古都パハルプールにあるナーティシュワ遺跡の考古学的発掘は、中国と南アジアの国々との間で初めて行われた考古学分野での協力として、大きな成果を上げた。現在、両国は考古学遺跡を公園にする計画を進めており、文化遺産の価値を高め、地域の生活向上に寄与することを目指している。

文化遺産の保護においては、国際的なガイドラインと地域の文物保護原則に沿い、さまざまな国や地域の文化的慣習を尊重することが重要である。これにより相互利益を得ることができる。現在、

2023年3月16日、見学者が故宮博物館で「譬若香山:ガンダーラ芸術展」を見学している様子(写真:杜建坡)

中国は「一帯一路」共同建設に参加している国々と、文化遺跡の修復プロジェクトに取り組んでおり、その範囲は一か国一か所から六か国十一か所まで広がっている。また、中国と「一帯一路」共同建設に参加する十七か国が共同で三十三の考古学プロジェクトを行っており、現地の政府や人々から高い評価を受けている。

今日、文化遺産の保護と文化間の相互理解は国際社会でのコンセンサスとなっている。しかし、世界の紛争や自然環境の変化により、文化遺産は破壊されてしまう。だからこそ、これらの遺産を次世代に継承することが重く困難な使命なのだ。

「各美其美、美人之美、美美与共、天下大同（それぞれ素晴らしい理想を追求しつつ、他人の素晴らしい理想を尊重する。素晴らしい理想が共有されれば、世の中は一つになる）」。各国が手を取り合い、人類の文化的多様性を尊重し合いながら、優れた伝統文化を継承し、新しい先進文化を創造しながら、文化交流と協力を深く遠くまで広げていくことが期待されている。

（筆者：雲崗研究院院長）

海上シルクロードの文化的痕跡

傳柒生

二〇二三年は「一帯一路」イニシアチブ提起十周年に当たる。五月から八月にかけて、福建省博物館が「福航天下（福建から〝福〟を世界に届ける福航路巡り）～海上シルクロードに残る文化の宝物展～」を開催した。文化財、史料、写真を通じて、海上シルクロードの文化的痕跡を展示し、平和的共存と人類運命共同体構築の歴史的及び現実的意義を伝えた。

広大な青い海の上で、海上シルクロードは中華民族と諸外国との交通や交流、文化の往来の軌跡を描き出し、豊かな文化的遺産を残した。それは、まるで万華鏡のように、変幻自在で尚且つ光と色彩が輝く様々な文明の映像を映し出した。

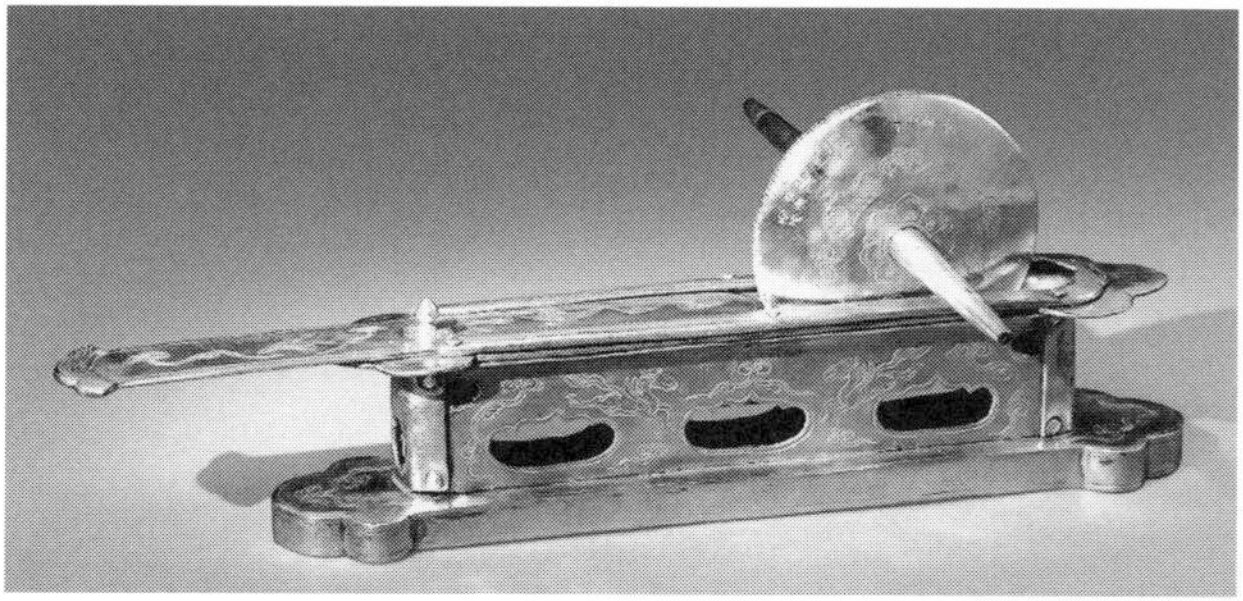

福建省博物館「福航天下―海上シルクロードに残る文化の宝物展」に展示された、花模様入りの黄金の碾（唐時代の茶臼）で、唐の僖宗が即位前に使用した茶道具

「一帯一路」イニシアチブが提起されて以来、シルクロードをテーマにした展覧会は、文化博物館業界の人気スポットとなっている。二〇一三年、福建省博物館は先陣を切って海上シルクロード文化財七省合同展覧会を開催し、二十以上の国と地域、国連本部で展示され、大きな反響を呼んだ。十年後の今、福建省博物館は「福航天下」展を企画運営している。

海上シルクロードは、「陶磁器の道」「絹の道」「茶葉の道」「香料の道」であり、文化交流の道、互恵の道、平和友好の道でもあった。「福航天下」展は異なる角度から、海上シルクロードの商業貿易往来と人的交流を復元し、膨大な数の発掘品から文化財を精選し、相互交流の歴史的背景と文化的意味を明らかにしている。展覧会は国内三十五の博物館と共同で、重要な考古学的発見の文化財を含む二百九十五点（セット）を展示している。

「福航天下」展は、「碧涛帆影（青海原の波濤を越える帆影）」「東方雅集（東洋美術の雅コレクション）」「遠来物華（遠方より来たりし宝物品）」「和合共生（福をもたらす共生共存）」の四つのセクションに分けられ、物品自体の美から徐々に文化融合へと昇華していく様子が表現されている。

「碧涛帆影」は、冒頭で航海の歴史を紹介している。古書によると、漢代の役人と商人が黄金や色とりどりの絹を携えて、徐聞（中国南部湛江市、海南島の対岸付近）、合浦（中国南部北海市、湛江市の西側）から出発し、東南アジアと南アジアの古代国家と、真珠、碧玉瑠璃、特殊な石や珍品などを交易していたとされる。専門家の間では一般的に、これは海上シルクロードが形成された証拠の一つだと捉えられている。合浦漢墓から出土した西アジア地区の文化財、鑑真が六度目となる日本への渡航の出発港とした張家港の黄泗浦《こうしほ》遺跡、南宋時代の沈没船である「南海1号」などの考古学的発見は、海上シルクロードに新たな材料を提供した。展覧会では漢の武帝が合浦と徐聞から使節を出発させたこと、宋代には「神舟」が高麗に出向いたこと、明の鄭和による大航海のことなど三つの歴史的事件を取り上げ、関連文化財も展示している。例えば、湖北博物館が所蔵している永楽時代の金塊には西洋で購入したことを示す銘文が刻まれており、鄭和

福建省博物館「福航天下—海上シルクロードに残る文化の宝物展」に展示された、暗褐色で袖の広い薄絹服

が西洋を訪れたという歴史的出来事の物的証拠となっている。

「東方雅集」では、磁器、シルク、茶葉の三大貿易品を中心に、中華文明の対外伝播を展示している。磁器は、海上シルクロードにおいて重要な役割を果たしており、今回展示された磁器には、越窯、龍泉窯、高麗青磁などの青磁や、刑窯、定窯、徳化窯などの白磁、また唐三彩、長沙窯、漳州窯、広彩磁器などの彩磁器、さらには異なるスタイルの青花磁などが含まれている。シルクコーナーでは、暗褐色で袖の広い薄絹服が一着展示されており、「南宋シルクの宝庫」と呼ばれた福州の黄昇墓から出土したとされる。宋の時代、福建省の絹

福建省博物館「福航天下—海上シルクロードに残る文化の宝物展」の展示物　左：明代の徳化窯で作られた白釉媽祖坐像　右：孔雀藍釉陶瓶

織物業は空前の繁栄を遂げていた。衣服の装飾には、金、彩色画、刺繍などの装飾技法が広く使われていたが、これらの技法は周辺国の絹織物の中にも発見されており、福建省が宋代における輸出向け絹織物の生産拠点の一つであったことを証明している。茶葉のコーナーでは、唐代と宋代の様々な茶道具が展示されており、それらには法門寺の地下宮殿で発見されたガラスの盆や、金銀の茶臼等があり、中には唐代の皇帝が使用したという茶器までも含まれている。

「遠来物華」は、中国における海外からの舶来品の広がりを物語るもので、中華文明の懐の深さを表している。広西省、湖南省、福建省等から出土した舶来宝飾品やガラス器などの工芸品が展示されている。その中で、五代十国時代の孔雀藍釉陶瓶は福建省博物館が所蔵する「宝物」で、中国国内で発見された最も完全な孔雀藍釉類の調度品である。形はオリーブの実に似ており、器は大変大きく、表面は青い陶磁器の釉《うわぐすり》が塗られ、まるで大海のような色合いで、異国情緒が強く満ち溢れていることから、ペルシャ地域から伝来したものではないかと考えられている。このほか、燻製炉、香料なども展示されており、福建中医薬大学博物館との共同で香料体験コーナーも設け、来場者との交流も深めた。

展覧会の「和合共生」コーナーは、文化の融合を示している。代表的な展示品の一つが、明代の徳化窯で作られた白釉媽祖坐像（媽祖＝中国沿岸部で信仰を集める、航海・漁業の女神）である。徳化窯の白磁は明清時代に最も盛んになり、遠く欧州にも販売され、人気を博した。この坐像の原型は白くきめ細やかで、釉の層も均一でつやつやしており、白色の中にも黄色の成分が光り、器と釉の結合も隙間なく緊密である。媽祖は四角い平頂冠をかぶって、戴冠式の服をまとい、襟を正して座り、海に生きる人々への関心を表現している。

海上シルクロードは、古い歴史を持ちつつ、生き生きとしている。そして、沿線の人々の福祉を増進し、共に素晴らしい生活を築く航路であり、また文明の交流と相互参照をもたらす絆でもあった。今、古代の海上シルクロードは、新たな文化的意味合いを与えられている。展覧会は「福航天下」の歴史と現実、表面と内面を合理的に関連づけ、中国と各国文明の和合共生、共存することの美しさをより広い視野から紹介するものである。

（筆者：福建省博物院院長、中国博物館協会副理事長）

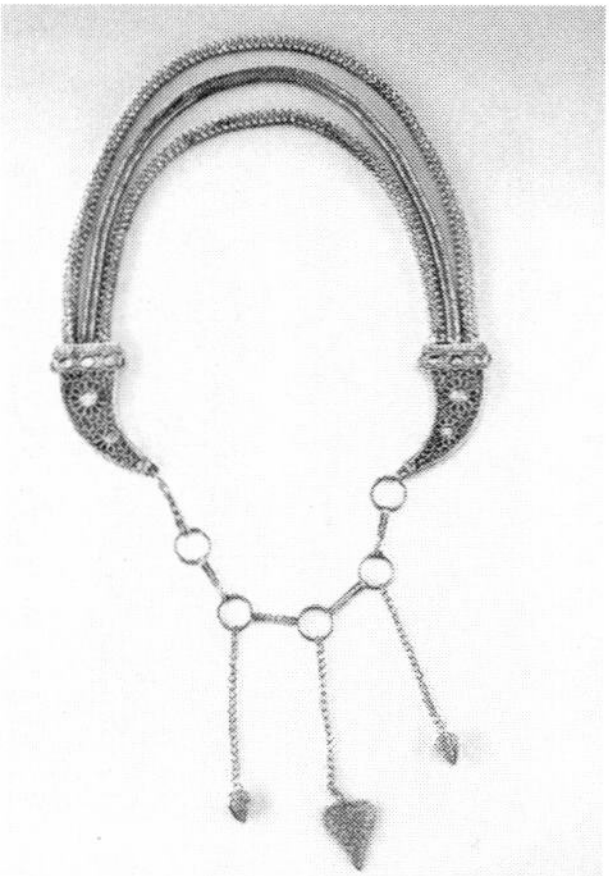

広東省文物考古研究院が所蔵する宋代の金製三連ネックレス
（以上、写真提供：傳柒生）

魯班工房、中国と海外の交流の架け橋となる

楊　延

中国古代の工匠魯班は、様々な道具を発明したことで広く名を知られ、中国の手工業技術や発明、創造の模範となっている。魯班工房は、その模範に倣い、卓越した技術と、絶えず腕に磨きをかけ続けるプロ意識と、常に向上しようと努力する革新的精神を兼ね備えた世界の職人の育成に力を入れている。

魯班工房は天津から始まり、率先して実践し、魯班の職人精神を拠り所として、中国の職業教育モデルや職業技術を他国と共有し、現地が必要とする質の高い技能技術を持つ人材育成に取り組んできた。また中国と海外の教育機関、業界・企業、政府など多方面との相互協力を推進し、共同建設・共有という発展の道を歩んできた。

二〇一六年三月八日、世界初の魯班工房がタイで設立された。プロジェクトの建設は中国とタイ両国のニーズにしっかりと応えられており、協力の分野は絶えず拡大し続けている。国際協力の専攻数は一つから六つに拡大され、すべてタイの教育省の認可を受け、同国の国民教育制度に組み込まれている。また同時に、魯班工房は英国やエジプト、カンボジア、ポルトガル、ジブチ、ケニアなど二十カ国以上にも進出し、中等職業学校から高等職業学校、応用学部、大学院レベルの国際職業教育システムを構築し、飛躍的な成長を遂げてきた。

魯班工房は全く新しい職業教育国際協力プロジェクトであり、中国の職業教育改革発展の優れた成果を基礎として、中国の先進的な職業教育理念を融合させている。海外の専門教師による系統的な訓練を通じて、業界の最先端技術や、技能大会・資格認定の専門基準、実践研修用の設備を導入し、モジュール化・立体化されたバイリンガル教育資源も構築している。これらの取り組みにより、いずれの国においても各魯班工房の内容は明確で、目標やルールも一致している。

国際協力の過程で魯班工房は、協力国の産業発展のニーズに応え、経

パキスタンの魯班工房での産業オートメーションとロボティクスの授業で、リフトの組立と操作技術をシミュレーションする学生たち(写真:パキスタン魯班工房)

ポルトガルのセトゥーバル工科大学の魯班工房で、中国人教師（左）がポルトガルの教師と学生にメカトロニクス機器を紹介しているところ（写真：セトゥーバル工科大学魯班工房）

済と社会の発展のために、現地が必要とする数多くの技能技術人材の育成に努めてきた。大まかな統計によると、魯班工房建設の過程において、中国は外国と協力して国際協力専攻を五十以上開発し、協力国のために学歴のある学生を累計で九千人余り育成し、協力国に向けて延べ一万八千人を対象に様々なレベルや種類の研修を行い、協力国の多くの若者が質の高い就職が実現できるように支援してきた。

一連の取り組みにより、魯班工房は協力国の職業教育・人材育成レベルの向上を強力に後押しし、互恵・ウィンウィンの目標を実現したことが明らかとなった。ケニアの情報通信技術大臣のジョー・ムチェル氏は、魯班工房が開発したクラウドコンピューティングと情報セキュリティに関する訓練は、ケニアの情報技術の発展にとって重要だと考えている。駐中国パキスタン大使館の教育専門員アフィア・シャジア氏は、「パキスタンの工業化を実現するためには、人工知能、サイバーセキュリティ、スマート技術などの面で、多くの技能人材が必要だ。魯班工房はまさにパキスタン・中国両国の協力の模範だ。」と述べた。

魯班工房の建設で、中国と海外の人的、文化的交流の内容や形式は多様化している。中国と海外の教師や学生との短期的な相互交流や訪問、国際技能コンテストへの参加など様々な形式を通じて、中国と海外の青年や学生、教師間の交流協力を深化させ続けている。魯班工房を伝達手段とする中国・海外職業教育国際協力フォーラムなどの学術活動も、異なる視点から科学的な検証を行い、国際職業教育の改革と発展を推進してきた。また、国内外双方の専門教師が協力して国際専門教育の研究を行い、各業界の国際的な先進技術の要求に合わせ、国際協力の専攻分野と教育のための多くの教材を共に開発し、技術や技能人材の育成レベルを全面的に向上させてきた。

国の交わりは民が親しみ合うところにあり、民の親しみ合いは心の通い合いにある。七年余りにわたって、魯班工房は、共に学び、お互いを見習うという精神を大切にしながら、協力国の地域経済や社会の発展に奉仕してきただけでなく、生産能力分野での国際協力も推し進め、周辺地域への波及を実現させてきた。中国と海外の人的・文化的交流の架け橋となり、人と人の心が通い合う感動的な物語も紡いできた。魯班工房は今後も、プロジェクトの発展に伴って、重要な役割を果たし続け、人類運命共同体構築を推進していくことになるだろう。

（筆者：天津魯班ワークショップ研究推進センター副主任）

2023年2月20日、魯班工房でIoT（モノのインターネット）の応用技術を学んでいるタイのアユタヤ工科大学の学生（写真：孫広勇）

シルクロードに新たな伝説を刻む中欧列車

（中国と欧州を結ぶ国際定期貨物列車）

李心萍　盧澤華

2023年10月6日、浙江省金華市金東区の華東国際共同連絡港で、110個の輸出コンテナを満載した「義新欧」中欧列車が金華南駅から中央アジア五カ国に向かっているところ（写真：胡肖飛）

広大なユーラシア大陸では、昔は鈴をつけたラクダが隊列を組んでいたものだが、現在では「鋼鉄のラクダ隊」が休む間もなく疾走している。十年に及ぶ発展期間を経て、中欧列車の運行本数はすでに七万七千本、輸送コンテナ数は七百三十一万TEU（二十フィートコンテナ換算値、以下略）、輸送貨物の付加価値額は三千四百億ドルを超え、国際経済貿易協力の重要な架け橋となった。

これまでに、中欧列車はすでに中国国内の百十二の都市とつながり、ヨーロッパ二十五カ国や地域の二百余りの都市、さらに沿線の十一の国や地域にある百以上の都市にまで到達し、アジアとヨーロッパ間の陸上輸送に新たなルートを切り開いている。

中国カザフスタン（連雲港）物流協力基地では、機器や車が行き交い、その操作も慌ただしくなされ、コンテナが港に入るとすぐ船に載せて海に出ていく。中欧列車（瀋陽）の集散基地では、クレーンが「中国鉄路」と書かれたコンテナをつかんで中欧列車に積み込んでいる。内モンゴルのエレンホト通関地では、中欧列車が貨物の積み替え作業を終え、出国を待っている……。

中国国家鉄路集団（二〇一三年設立）のデータによると、中欧列車は阿拉山口、コルガスを経由する西ルート、エレンホト経由の中ルート、満洲里、綏芬河、同江を経由する東ルートの三ルートを形成しており、これら各地の通関地から出国する。同列車の時速百二十キロメートルによる運行路線はすでに八十六本に達し、アジアとヨーロッパ間の国際連絡輸送のネットワーク化を実現した。

通関地は、中欧列車の輸送経路上の重要な中継点である。それぞれの通関地で、中欧列車は貨物の積み替え、通関申告、申告完了、出国などの手続きを済ませる。この十年間、中欧列車沿線の国々は既存の通関地の貨物処理能力を拡張し、新たに通関地を開き、絶えず国際間の連絡輸送能力を向上させ、日増しに増加する輸送需要を満たしてきた。

満洲里にある通関地を上から見下ろすと、中欧列車が幅の広い線路上に列をなして広がっており、高くそびえたつ大型クレーンがその「巨大な手」で色とりどりのコンテナを整然と積み上げている。何度もグレードアップを重ね、満洲里鉄道の港における国際連絡輸送列車の一日の貨物積み替え量は八百四十ＴＥＵに増加し、積み替え能力は二〇二〇年と比べると倍増し、国際連絡輸送はより効率的で便利になった。

中国国家鉄路集団のデータによると、二〇二二年、阿拉山口、コルガス、満洲里、エレンホト、綏芬河等の通関地で通過した中欧列車は、それぞれ五千百四十一本、三千百五十本、四千八百三十八本、二千五百四十九本、八百八十四本となっている。二〇一六年と比較すると、それぞれ三千九百八十一本、三千八十本、四千五百二十七本、二千三百八十八本、八百八十四本増加していることが示された。

十年間の発展により、中欧列車は全天候型、大輸送量、グリーン低炭素という物流ルートを構築し、国際間の輸送協力における新たな局面を切り開いた。データによると、中国から欧州へ同一の貨物を輸送した場合、中欧列車の輸送コストは航空輸送の五分の一、輸送時間は海上輸送の四分の一であり、さらに安定性が高いという特徴もある。高い付加価値、時間的な制約の高さなど特定の物流ニーズを満たすうえで、優位性もあわせ持っている。

「それだけでなく、中欧列車の平均炭素排出量は航空輸送の十五分の一、道路輸送の七分の一なので、地球規模的な気候変動や、持続可能な発展となる交通に対応するために積極的な役割を果たしています。」と、中国国家鉄路集団の責任者は

2023年9月16日、中国・カザフスタン（連雲港）で頻繁に稼働している物流協力基地（写真：夏亮）

述べた。

海路—鉄路、公共鉄道、空路—鉄路の複合共同輸送は、中欧列車の有効性をさらに公に示すことになった。国家発展改革委員会のデータによると、現在、大連港、天津港、青島港、連雲港等の沿岸港を起点とする中欧列車の定期路線はすでに二十九本に達している。広州、成都等の都市では、中欧列車に頼って「空路—鉄路共同・連絡輸送」という越境電子商取引の新モデルを打ち出し、「鉄路—海路—公共鉄道—航空郵便」の総合輸送の一体化と融合発展を推進している。

報告によると、ここ数年、中国から中欧列車を通じて欧州まで輸出された貨物の品目は、当初は

2023年9月15日、中国・カザフスタン（連雲港）の物流協力基地で、中欧列車への積み込みを待っている大量のコンテナ（写真：耿玉和）

携帯電話、パソコンなどから次第に、自動車、機械設備、電子製品などの五十三カテゴリに拡大し、中国に向けて輸入された欧州の貨物品目は初期の木材、自動車及び部品等から、電気機械製品、食品、医療機器等に徐々に拡大しているとのことだ。

中欧列車は破竹の勢いで発展している。二〇二三年一月から八月にかけて、運行数は合計一万千六百三十八、発送貨物は百二十六万二千TEUで、前年同期比それぞれ十パーセント、二十三パーセントの増加となった。将来、「鋼鉄のラクダ隊」は、必ずや国際経済貿易協力にさらに多くのチャンスをもたらすことになるであろう。

互いに学び、見習い合いながら、民心が通い合う架け橋を築く

杜一菲

二〇一三年秋に、中国の習近平国家主席が「一帯一路」イニシアチブを提起して以来、各方面での努力のもと、この提起は青写真から世界的に広く受け入れられる公共財産へと変貌を遂げている。そして、それは各国の経済発展と人々の生活向上に寄与し、互いに学び、見習い合いながら、民心が通い合う架け橋となっている。

「『一帯一路』建設は、交流を通して文明の垣根を越え、互いに見習い合うことで文明間の対立を越え、共存により文明の優位性を越え、各国の相互理解、相互尊重、相互信頼を推進しなければならない」という理念を受け継ぎ、この十年間、中国は、共に協議し、共に建築し、共に享受するという原則を堅持し、民心の通い合いを深く推進してきた。貧困削減の協力推進や能力開発の展開から、各種音楽祭、映画祭、図書展の開催、さらに文化交流団の相互派遣、考古学連合、観光協力の深化に至るまで、「一帯一路」共同建設の参加国は、科学、教育、文化、衛生、民間交流などの各分野で幅広く協力し、政党、青年、社会組織、シンクタンク、女性、地方交流などの協力を同時に推進し、多層的な人文協力メカニズムを構築してきた。

目下、中国は既に百五十二カ国、三十二の国際組織と二百件以上の「一帯一路」共同建設の協力文書に調印している。「シルクロードワンファミリー」行動は既に共同建設国で生活協力プロジェクトを三百以上実施し、中国と外国の社会組織間で六百組近いパートナーシップの構築を推進した。シルクロード国際劇場、博物館、芸術祭、図書館、美術館連盟のメンバー部門は五百以上に達し、「シルクロードの旅」「魯班工坊」など十以上の文化交流と教育協力ブランドの影響力は絶えず拡大し、一連の進展は異文化間の交流理解と認識を大いに高めた。

科学技術協力の発展の勢いはすさまじい。二〇一七年に、「一帯一路」科学技術イノベーション行動計画がスタートして以来、中国と「一帯一路」共同建設国は、科学技術人文交流、共同研究所、工業団地における科学技術連携、技術移転などの面で協力をしてきた。二〇二一年末までに、中国はすでに八十四カ国と科学技術協力関係を構築し、千百十八件の共同研究プロジェクトを支持し、累計二十九億九千万元を投入した。

「一帯一路」共同建設参加国の経済発展のレベルは異なり、社会や文化風俗習慣もそれぞれ異なっている。中国は積極的に人文対話のための活動拠点を設立し、相互理解を深め、団結協力を推進するための一連の努力を行ってきた。中国とＡＳＥＡＮの対話関係樹立三十周年記念のサミットで、中国はＡＳＥＡＮと職業教育、学歴相互認識等の協力を強化し、中国・ＡＳＥＡＮエリート奨学金の定員を増やし、青少年キャンプなどの活動を展開する意欲を示した。中国・アフリカ協力フォーラム第八回閣僚会議の開幕式で、中国はアフリカ諸国と緊密に協力し、人文交流などの「九つのプロジェクト」を共同で実施することを提案した。第一回中国・アラブ諸国サミットで、中国は五百社の中国・アラブ文化観光企業と協力を推進し、アラブ諸国のために千人の文化・観光人材を育成し、アラブ側と協力して百部の古代書籍相互翻訳プロジェクトと五十本の視聴番組の協力プロジェクトを推進することを提案した。一連の中国案と中国の行動は地に根を生やし、文明の融合と、美と共にある世界の構築の新たな原動力となっている。

パキスタンでは、ハイブリッド米の栽培、菌草栽培技術の普及、中国産カリフラワーの種子の導入、トウガラシの栽培…中国とパキスタンの農業協力プロジェクトが絶えず推進され、現地の農民により多くの恩恵をもたらしている。

カンボジアでは、中国チームは二十年以上アンコール遺跡を守ってきており、保護修復作業に参画し、千年の古跡にクメール文明のかつての風采を再現させた。

タンザニアでは、中国が援助したダルエスサラーム大学図書館、ニエレレリーダーシップ学院、カゲラ州職業技術学校等が竣工し、利用され、現地の経済社会の持続的で健全な発展に助力している。

絶えず拡大する人的交流と絶えず深化する交流協力は、「一帯一路」共同建設を推進して、堅実かつ重厚な成果を収めた。「一帯一路」共同建設はすでに世界に幸福をもたらす「発展ベルト」となり、各国の人々に恩恵をもたらす「幸福ベルト」ともなっている。そして、相互理解、相互尊重、相互信頼を推進する文明の道となっているのである。

より多くの人々が「一帯一路」共同建設で利益獲得

ステファン・エンデゲヴァ

二〇二三年は「一帯一路」共同建設提起から十周年となる。この十年で、中国は百五十以上の国と三十余りの国際組織と二百以上の「一帯一路」共同建設協力文書に署名し、その内容は、貧困削減、貧困脱却、食料安全、教育衛生、グリーン成長、デジタル経済等幅広い分野に及んでいる。世界銀行の評価報告によると、二〇三〇年までに、「一帯一路」共同建設により、参加国の貿易は二・八パーセントから九・七パーセント、全世界の貿易は一・七パーセントから六・二パーセント、全世界の収入は〇・七パーセントから二・九パーセントに増加するという。

「一帯一路」共同建設は参加国と地域に広範な発展空間を切り開いた。十年間、「一帯一路」共同建設の枠組みの下、一連のプロジェクトが根を下ろし、花開いた。中でも、数々の「小さく美しい」プロジェクトは、開発に焦点をあて、民意に注目し、小さな地域に着目し、実践的行動で人々のニーズに応え、民心の通い合いの模範となっている。

モーリタニアでは、中国が建設を支援している畜産業技術モデルセンターがムラサキウマゴヤシ（アルファァルファァ）の大規模栽培を実現し、飼料作物と家畜のバランス問題を解決するための方策を見つけ、サハラ砂漠にオアシスを作り出した。エジプトでは、中国企業が計画、設計、建設に関与した国家漁業団地が水産業チェーンに解決法を提供し、現地の水産養殖と加工技術のレベル向上を図った。カリブ海の島国トリニダードバコでは、中国企業が七日間で現地のアリマ病院を感染症専門の病院に改築し、百床のベッド、手術室二室、集中治療室、消毒センターを提供し、現地の新型コロナウイルスの対応に助力した……。

こうした「小さく美しい」プロジェクトは、現地の状況や時間に応じて適切な策を講じ、人々の生活に確かな利益をもたらした。「一帯一路」共同建設により、全世界で七百六十万人が極度の貧困から脱却し、三千二百万人が中程度の貧困から脱却すると見込まれている。世界経済の成長鈍化と、経済発展の不均衡という背景の下、農業、貧困削減、衛生、健康などの分野における「小さく美しい」生活プロジェクトは、共同建設国の生産条件を効果的に改善し、民衆の生活の質を向上させている。

私のいるアフリカを例に挙げると、多くの国は長い間立ち遅れた窮地から脱げだせず、人々は発展と振興を切望していた。「一帯一路」共同建設は地域の発展に大きな変化をもたらし、インフラの相互接続は人々の交流と貿易の往来を促進し、地域の繁栄を推し進めた。一部の辺鄙な地区では、中国企業が関与した学校、住宅、道路、井戸建設及び衛星テレビの普及などのプロジェクトにより、発展の成果が国の津々浦々に行き渡り、より多くの人々に幸福をもたらしている。

「一帯一路」共同建設は、高水準、持続可能、人々への恩恵を目標にしている。この「小さく美しい」プロジェクトは、規模は小さく、周期も短く、効果と利益は大きく、その実施は世界中の持続可能で包括的な発展促進の助けとなっている。今後、中国が引き続き共同建設国・地域と共に「一帯一路」共同建設の質の高い発展を推進し、互恵とウィンウィンの光明に満ちた道を広げ、さらに一連の「小さく美しい」プロジェクトの実施を通じて、より多くの人々が「一帯一路」共同建設の恩恵を受けられるようにすることが期待されている。（筆者：ケニア南南協力シンクタンク責任者　取材整理：閆韞明）

「一帯一路」共同建設、中国を発展させ世界に幸福をもたらす

強　薇

「一帯一路」共同建設は、相互接続をめぐって、インフラという「ハード面のつながり」を基本的な方向性とし、ルールや基準という「ソフト面のつながり」を大切な支えとし、参加国の人々の「心のつながり」を不可欠な基礎として、政策の疎通、施設間の連携、貿易の円滑化、資金の流通、民心の通い合いを絶えず深め、協力分野の開拓を途切れることなく実施してきた。現在、世界で最も広範かつ最大の国際協力プラットフォームとなっている。

「一帯一路」イニシアチブ提起以来、この十年でめざましい成果をあげている。世界経済成長の新たな空間を切り開き、国際貿易と投資の新拠点を設立し、関係国の経済成長力と人々の幸福度を高め、グローバルガバナンスシステムを充実させるために新たな実践を次々と進め、混乱の渦中にある世界に更なる確実性と安定性をもたらした。「一帯一路」共同建設は、中国を発展させただけでなく、世界にも幸福をもたらしたのである。

「一帯一路」共同建設により、参加国は正真正銘の利益を得ることとなった。鉄道、道路、船舶輸送、パイプライン、エネルギー、通信及び基本的な公共サービスやインフラ建設の分野で著しい進展を遂げ、現地の生産環境、生活環境、発展環境を改善し、経済発展のための活力や潜在力を強化した。世界銀行の予測によると、二〇三〇年までに、「一帯一路」関連の投資により、参加国の七百六十万人が極度の貧困から脱却し、三千二百万人が中程度の貧困から抜け出せると見込まれている。

「一帯一路」共同建設は経済のグローバル化に活力を与えている。世界銀行の研究報告『「一帯一路」経済学：輸送回廊のチャンスとリスク』では、「一帯一路」共同建設実施以来、インフラ建設だけで、世界の貿易コストを一・八パーセント、中国ー中央アジアー西アジア経済回廊での貿易コストを十パーセント削減し、世界貿易の利便化と経済成長に重要な貢献をしているとし、まもなく参加国の貿易は二・八パーセントから九・七パーセント、世界貿易は一・七パーセントから六・二パーセント、世界の実質所得は〇・七パーセントから二・九パーセント増加するだろうと示している。

「一帯一路」共同建設は、グローバルガバナンスを改善するための新たな方案を提供している。現代中国と世界研究院が二〇二〇年に発表した『中国のイメージに関するグローバル調査報告』によると、「一帯一路」共同建設は海外で最も認知度の高い中国の理念と主張であり、海外の回答者の七割以上が、「一帯一路」は個人、国家及びグローバルガバナンスに積極的な意義をもたらしていると認めている。欧州のシンクタンク機構であるブリューゲル研究所は、二〇二三年四月に発表した『「一帯一路」イニシアチブに対する世界の認識動向』では、世界各国は「一帯一路」共同建設に対し全体的にプラスの評価をしており、特に中央アジアからサハラ以南のアフリカ等の発展途上国は、「一帯一路」共同建設に対し非常に思い入れが深いとしている。

「一帯一路」イニシアチブは、人類社会の進歩のために文明の力を結集している。中国共産党と世界各国の首脳会議、ハイレベル協議など、二国間・多国間の様々な政党交流メカニズムの影響力は絶えず拡大し続けている。「一帯一路」シンクタンク協力連盟、「一帯一路」税収徴収管理能力促進連盟、「一帯一路」国際科学組織連盟、「一帯一路」医学人材育成連盟、シルクロード国際劇場連盟、シルクロード博物館連盟等、様々な協力機構が集中的に出現し、多面的に影響し合い、多様な花々が一斉に咲き誇るような人文交流の仕組みを作り出し、各国の人々が互いに理解し合い、尊重し合い、認め合えるよう精力的に進めている。

グローバルな相互接続を推進するための三つのつながりによるシナジー効果

和　音

ギリシャのピレウス港のコンテナターミナルに停泊するコンテナ貨物船（写真：孟祥麟）

ドリアン、マンゴスチン等東南アジアの農産物を満載した中国ラオス鉄道の貨物列車が、雲南省のモーハン鉄道通関地を通過して中国に入国した。二〇二三年一月から十月まで、中国ラオス鉄道はすでに累計千四百万トン以上の貨物を輸送し、その貨物輸送はラオス、タイ、ベトナム、ミャンマー等の国々をカバーしている。中国ラオス鉄道の物流の勢いが絶えず上昇していることは、「一帯一路」共同建設が相互接続を推し進め、連動的な発展を後押ししていることを生き生きと伝えている。

この十年間、「一帯一路」共同建設は、インフラという「ハード面のつながり」を基本的な方向性とし、ルールや基準という「ソフト面のつながり」を大切な支えとし、参加国の人々の「心のつながり」を不可欠な基礎として、世界の相互接続、共同発展に全力を注ぎ、グローバルガバナンスの完成と経済のグローバル化の健全な発展のために、積極的に役割を果たしてきた。

すなわち、「一帯一路」共同建設の核心的な意味合いは、インフラ建設と相互接続を促進し、経済政策の協調と発展戦略のマッチングを強化し、「相互接続された経済成長」を促進し、共同繁栄を実現することである。

第一の側面である、インフラという「ハード面のつながり」は、十年間絶えず強化されてきた。相互接続は言わば足元を通る道である。道路、鉄道、航路の道であろうと、インターネットという道であろうと、道はどこにでも通じており、中国と各国との協力はどこにでも存在するのである。六大国際経済協力回廊の建設と周辺インフラの相互接続は着実に推進され、ジャカルタ・バンドン高速鉄道、モンバサ・ナイロビ鉄道、アジスアベバ・ジブチ鉄道、ピレウス港等の代表的なプロジェクトが成功裏に建設された、中欧列車（中国と欧州を結ぶ国際定期貨物列車）の運行路線は八十四本で、欧州二十五カ国の二百十一都市に通じている。中国西部地域からの陸海新ルートは、世界百二十カ国・地域の四百六十五港をカバーしている。「一帯一路」共同建設のおかげで、多くの国がインフラにおいて長い間発展を制限されてきたという問題を解消し、グローバルなサプライチェーン、産業チェーン、バリューチェーンにうまく溶け込んでいっている。アメリカの未来学者であるナイスビット夫妻は、こう絶賛した。「歴史上、こんなことをやろうとした人は誰もいませんでした。一連の政策実施を通して、これほど多くの国と大陸を経済分野で結びつけようとするなんてね。」

第二の側面である、ルールや基準という「ソフト面でのつながり」も、この十年で著しく向上した。相互接続は言わばルールの道でもある。協調や協力が多く見込まれ、ルールや障害が少ないほど、物流はスムーズに、往来はさらにスピーディーになる。これまで、中国と共同建設国は業務制度のマッチング、技術基準の調整、検査結果の相互承認、デジタル証明書のネットワーク化などの面で、めざましい進展が見られ、「東アジア地域包括的経済連携」（ＲＣＥＰ）では経済効果が徐々に明らかとなり、「認定事業者」

協定の調印数は世界トップとなった。二〇一三年から二〇二二年にかけて、中国と共同建設国の貨物貿易輸出入額、および非金融直接投資額の年平均は、それぞれ八・六パーセントと五・八パーセント増加となった。また共同建設国との双方向投資の累計額は二千七百億ドルを超えとなっている。世界銀行が発表した『「一帯一路」経済学』報告書では、「一帯一路」イニシアチブの完全実施により、参加国間の貿易は四・一パーセント増加するとみている。

第三に、最終目的ともいえる共同建設国の人々の「心のつながり」は、この十年間、素晴らしい形となって次々と現れた。相互接続は、心の道とも言えるものだ。互いを理解し合うことができれば、どんな理屈も話せば分かるし、物事も益々やりやすくなる。マラウイ共和国の六百の井戸が現

中国企業が建設に関与したポーランドウッチ市の環状高速道路のロータリー（写真：韓鉄鋼）

地の十五万人の人々を潤す「幸福の井戸」となり、魯班工房がタジキスタン等の国の若者に職業技能習得の援助をし、百以上を超える国で中国の菌草技術（木の代わりに草でキノコを栽培する技術）が根を下ろし、名実ともに「幸せの草」となったなど……。「一帯一路」共同建設は人民を中心として発展するという理念を堅持し、貧困の解消、雇用の増加、生活向上に重点を置いてきた結果、その成果が各国の人民に更なる恩恵を与えている。「一帯一路」共同建設は民心の通じ合いを促進してきた。今正に、共同建設国の人民の心に互いを認め合い、理解し合い、尊重し合うという人としての器が着実に形成されている。

2023年10月6日、浙江省金華市、中欧列車が金華南駅から中央アジア五カ国に向かっているところ（写真：胡肖飛）

「共に話し合い、共に建設し、共に分かち合う」さらなる質への追求

和音

「一帯一路」共同建設を広大な歴史的座標に置くことで、その時代的価値と世界的意義をより深く理解することができる。昨今、科学技術革命と生産力の向上に伴い、経済のグローバル化は歴史の潮流となっている。だが、一部の国々が主導する経済のグローバル化は、全ての人々に恩恵をもたらしてはいない。世界の多極化、経済のグローバル化、社会の情報化、文化の多様化が深まる中、「あなたの中に私がいて、私の中にあなたがいる」という人類運命共同体は存在感をより強めてきている。しかし、世界平和、発展、安全、ガバナンスに対する不安は増すばかりである。そうした中、歴史的発展の重要な局面において、人類運命共同体の構築を推進することが、人類社会の発展と進歩に希望を与えている。「一帯一路」共同建設は、人類運命共同体の構築を最高の目標とし、この目標を実現するための実践の場となり、道筋を示し、輝くビジョンの実現と、グローバルガバナンスの改善に寄与する重要な公共プロジェクトとなっている。

「一帯一路」共同建設は、十年の月日をかけ、世界に著しい変化をもたらし、人類社会の発展史において重要な事業となった。十年間にわたり、「一帯一路」共同建設は、中国の発展を後押しし、世界各地へ利益をもたらした。そして「一帯一路」共同建設による成果は、参加国発展の活力・貧困脱却のための体制強化・民生プロジェクト（民生：国民の生活）の著しい効果、このような参加国への具体的かつ実質的なメリットをもたらした。また「一帯一路」共同建設が推進してきたのは、グローバルな発展のための原動力強化、地域経済協力の深化、世界貿易の促進、グローバルサプライチェーンの安定維持、経済のグローバル化への活力注入だ。さらに、「一帯一路」共同建設は、「共に話し合い、共に建設し、共に分かち合う」の原則に則り、真の多国間主義の提唱と実践、開発途上国と新興国の世界市場体系における地位と役割の強化を進めており、グローバルガバナンスの改革と拡充における意義は大きい。「一帯一路」共同建設は、人文交流と異なる文明間の相互理解を促進し、人類社会の進歩のために文明の力を集結させている。多くの事例が示しているように、「一帯一路」共同建設は時代の流れに即しており、民心を得て、民生と世界に利益をもたらしながら、各国と共に近代化へと歩む道となっている。また、人類が美しい未来に向かう希望の道でもあり、高い強靭性、旺盛な生命力、大きな発展の潜在力を秘めている。

過去十年を振り返ると、「一帯一路」共同建設が世界に変革を起こす強大なエネルギーを結集できたのは、一貫して「共に話し合い、共に建設し、共に分かち合う」という原則を堅持し、ウインウインの協力関係を理念とすること、利益と道徳のバランスが取れた正しいアプローチ、これらを積極的に提唱してきたからに他ならない。さらに、この構想は、各参加国が対等に、参加者・貢献者・受益者となることを特に大切にしている。このアプローチにより、経済統合、相互接続された経済成長、そして成果の分かち合いの実現を加速させている。

「一帯一路」共同建設は「共に話し合う」という原則に基づき進められており、その取り組みは中国のスタンドプレーではなく、多くの関係者が参加するチームプレーである。計画の策定から具体的なプロジェクトの設計と実施に至るまで、平等な参加・コミュニケーションと協議・多角的な視点の集約を重視し、政治的または経済的な条件を付随させない点に力点を置いている。また、「一帯一路」共同建設は「共に建設する」という原則に基づき進められており、中国の対外援助計画や地政学的なツールではなく、「相互接続された経済成長」を目指す行動指針である。また、それは既存の地域システムに取って代わるものではなく、互いの長所を活かし、補完し合うシステムなのだ。

中国は、相互に「相互接続された経済成長」を促しており、五大陸の百五十を超える国々および三十以上の国際組織が二百件以上の「一帯一路」共同建設に関する協力文書に署名し、成長戦略の連携を常に強化している。「一帯一路」共同建設は、「共に分かち合う」という原則、及びウィンウィンの協力姿勢を貫きながら、各国の利益のバランスと協力のための最大公約数を見出し、それぞれの発展ニーズに合わせ、人々の具体的な問題に対処している。すべての国が発展のチャンスと成果を共に分かち合うことを可能にし、どの国も取り残されないよう努めている。

「一帯一路」共同建設の取り組みは、主に開発途上国との共同プロジェクトであり、これらの国々が直面しているインフラ整備の遅れ、産業発展の遅れ、工業化の遅れ、資金と技術の不足、人材不足といった問題を解決するために力を合わせて行われている。

これにより経済と社会の発展が促進され、このプロジェクトは「共に話し合い、共に建設し、共に分かち合う」という原則のもと、真の協力とウインウインの関係を実現している。

現在の不確実で不安定な世界において、各国は対話により意見の相違を埋め、団結により分裂を防ぎ、協力により発展を促進することが喫緊の課題となっている。「一帯一路」共同建設の重要性がさらに際立ち、その展望への期待はますます膨らんでいる。

目覚ましい成果を上げ続ける「一帯一路」、その理由とは

国紀平

中国の習近平国家主席が打ち出した「一帯一路」イニシアチブは、この十年間、「チャンスを分かち合うこと」、「ともに発展の道を歩むこと」をモットーに、「協力」と「ウィンウィンの関係」にまつわる様々な感動の物語を描き続けてきた。そして、すでに百五十カ国以上、三十以上の国際組織が「一帯一路」共同建設に関する二百件以上の協力文書に調印している。また、アジアインフラ投資銀行のメンバーは、創設当初の五十七から百九へと拡大し、その範囲は世界の人口の八十一パーセント、世界のGDPの六十五パーセントにも及んでいる。さらに、中欧間の貨物列車は、八十以上の路線を運行し、ヨーロッパ二十五カ国の二百十七都市にも線路を張り巡らせている。この十年間の取組みがはっきりと証明しているように、「一帯一路」共同建設が開放的かつ包摂的なプラットフォームであると同時に、それぞれが共に築くグローバルな公共財産といっても過言ではない。

なぜ中国はこのように壮大な「一帯一路」共同建設というイニシアチブを打ち出すことができたのか?なぜ中国は「一帯一路」共同建設においてこのような目覚ましい成果

2023年10月11日、北京国家会議センターそばの「一帯一路」国際サミットフォーラムのモニュメント（写真：陳暁根）

を上げることができたのだろうか？多くの海外の有識者が絶えず質問を投げかけている。

「一帯一路」共同建設は人類の運命と未来に対する中国の深い考察に端を発している。二〇一三年三月「世界はどうなってしまったのか、我々はどうすべきか。」こうした世界・歴史・時代を超えた大きな問いに応えるべく、習近平国家主席が打ち出したのが「人類運命共同体」という非常にクリエイティブな理念である。この「人類運命共同体」の理念を実践することで、人類が願ってやまない持続的な平和・世界的な安全・共通の繁栄・開放的かつ包摂的・クリーンで美しい世界の実現という壮大な道を切り開くべく、現実に即したプラットフォームを提供している。

「一帯一路」共同建設は中国が世界の平和と発展を揺るぎない目標として掲げスタートしたものである。したがって、中国は平和と発展の道を突き進みながらも、世界平和を守りながら自国の発展を推し進め、同時に自国の発展を維持しながら世界平和を守っている。平和と発展の道を歩むことで中国は国際社会の注目に対し、ある種の回答を示している。また、それは中国人民が自らの発展目標を実現しようとする意識の高さの表れでもある。中国が打ち出した「一帯一路」イニシアチブは自国の発展のためだけでなく、世界平和を守る力を強化しながら、また、世界に恩恵をもたら

中国が支援するアフリカ連合（AU）アフリカ疾病予防管理センター本部（第一期）プロジェクト（写真：閆韞明）

している。そして、それは世界の平和と発展を守るという巨大な正義のエネルギーそのものである。中国は「一帯一路」共同建設を推し進めながら、ありきたりの地政学ゲームを繰り返すことはなく、「協力」と「ウィンウィンの関係」を基盤とする創造的で新しいスタイルの取り組みを行っている。つまり、中国が作り上げようとしているのは安定を脅かす小集団ではなく、調和しながら共存する大家族なのだ。

「一帯一路」共同建設の成功は、中国の発展モデルとこれまで培ってきた経験が生み出した成功に他ならない。中国は急速な経済成長と社会の長期的な安定という二つの奇跡を生み出し、歴史的な絶対的貧困問題（国・地域の生活レベルとは無関係に、生きるうえで必要最低限な生活水準が満たされていない状態）を解決し、全ての人々にとっての小康社会（あらゆる面で適度に繁栄する社会）を実現してきた。その成功のカギは、発展スタイルが、中国の実情に合っていること、人民の期待に応えていること、人民の支持と養護を受けていること、これらのポイントを押さえていることにある。中国は、世界の耕地の九パーセント、淡水資源の六パーセントにより世界人口の約五分の一を養っている。さらに、二〇二二年の中国のＧＤＰは百二十一兆元に達し、世界経済に占める割合は十八パーセントに上り、その発展の成果はますます世界の注目を集めている。さらに、中国型発展モデルの成功は、多くの開発途上国に自国に合わせた発展モデルで歩みを進めようという決意を固めさせた。つまり、中国の収めた成果は、多くの開発途上国に、自分たちにも「国家の富強」、「民族の振興」、「人民の幸福」を実現できるという勇気を与えたのだ。したがって、「一帯一路」共同建設に参加することが、こうした国々にとって中国型発展モデルから学ぶまたとないチャンスなのである。

　そして、「一帯一路」共同建設の成功とは、中国が開放型の発展に注力したからこそである。国というのは強くなることで、自信をもって対外開放を行うことができ、また対外開放が国を強くするのである。「一帯一路」共同建設は、中国が対外開放を拡大するための重要な取り組みであり、それは、中国のスタンドプレーではなく、沿線国家とのチームプレーなのだ。逆グローバリゼーションの潮流の最中でも、中国は高いレベルで対外開放へと突き進んでおり、「一帯一路」共同建設という光り輝く道を開き続けている。「一帯一路」共同建設がこれまで取り組んできたのはあらゆる膠着状態を打破すること、ボトルネックを取り払うこと、革新的な発展、であった。そしてその姿は開放型の世界経済こそが人々を幸福に導くことを世界中の人々に示している。スペインの元首相サパテロ氏は、「『一帯一路』共同建設が持つ発展哲学は、ボーダレスで、ゼロサム思考（物事を白黒で判断したり選択肢を極端な二択に絞り込んだりしてしまう思考のこと）を超越しており、さらに開放的かつ包摂的です。これは、今の世界がまさに必要としている発展理念そのものなんです。」と指摘している。

ギリシャのピレウス港のコンテナターミナルの遠景（写真：張志明）

「一帯一路」感動の物語を紡ぎ出す新たな協力のカタチ

国紀平

クロアチアのペリェシャツ大橋で写真を撮る旅行者（写真：劉仲華）

「全く大げさではなく、この十年間で、『一帯一路』イニシアチブが世界を変えてしまったんです。」とイギリスの学者マーティン・ジャック氏は指摘する。

「一帯一路」共同建設がどのように世界を変えたのかを理解するためには、時代の変革と世界の発展における大きな流れの中でじっくりと観察しなければならない。

「一帯一路」イニシアチブが打ち出されたのは、ちょうど世界が金融危機の深刻な余波に直面し、新しい経済成長の源泉を探し、新たな好景気の波を作り出そうという共通の目標に向かっていたころだ。当時世界経済は不安定で、貿易や投資が低迷し、グローバル化の流れは逆風を受け、発展の不均衡がより顕著になっていた。

「一帯一路」イニシアチブは、現代の課題に協力して立ち向かい、発展の難題を解決するための、東洋の知恵に満ちたアプローチを国際社会に提案している。

「『一帯一路』共同建設は私たちの共同発展という願いを載せ、各国が発展の停滞を打破し、格差を縮め、成果を分かち合うために、そして、苦楽を共にし、発展へと向かう運命共同体を作り上げるための助けとなるでしょう。」このように習近平国家主席は述べた。

「一帯一路」共同建設は、最も基本的な問題である「発展」に着目し、各国の発展戦略を相互に結びつけ、経済の統合、相互接続された経済成長、成果の分かち合いを実現し、世界経済復活に勢いを与えてきた。世界銀行は二〇一九年六月に「『一帯一路』経済学」のコンセプトを打ち出す研究報告書を発表した。このデータによると、「一帯一路」イニシアティブが全面的に実施されれば、三千二百万人が一日あたり三・二ドル以下の中度の貧困から脱出し、世界全体の貿易が六・二パーセント、世界全体の収入が二・

九パーセント増加するという。

「発展」、それは世界のすべての国が持つ権利であり、一部の国に限られた特権ではない。しかし、近年の実態として、世界的な発展の格差は広がり続け、不均等な発展は今日の世界で最も大きな不平等になっている。

「一帯一路」共同建設は、開発途上国が秘めている潜在能力を引き出し、世界全体がバランスよく、調和の取れた、包摂的な発展を可能にするべく協力を進めている。初の高速道路・近代化鉄道網・工業団地などを通じて、「一帯一路」共同建設は多くの国々にインフラの改善、独自の工業体系の構築をサポートし、長年にわたる電力不足や人材不足などの問題を解決してきた。外国の学者は、「一帯一路」共同建設が世界の南方諸国に発展のチャンスを与え、多くの開発途上国の展望を変えてきたことに言及している。

長期間にわたり、開発途上国や後発開発途上国家は、経済のグローバル化という大きな潮流から「忘れ去られた存在」となっていた。国際社会において次第に、従来の世界経済のガバナンスモデルを改革し、公正かつ広範囲に利益をもたらすグローバルで新し

投資、開発、建設そして運営に至るまで中国企業が手がけたケニア空港の高速道路（写真：黄煒鑫）

い、発展の理念を確立する必要がある、こうした認識が次第に強まってきている。「一帯一路」共同建設は、政策コミュニケーション・インフラの相互接続・資金の融通・貿易の円滑化・民心の通じ合いを基礎とし、陸上・海上・空中・インターネット空間での相互接続を推進し、高品質・持続可能・リスクに強い・適正価格・包摂的でアクセスしやすいインフラを構築している。そして、生産要素の秩序ある自由な流動と資源の効率的な配置・市場の高度な融合を促進し、より多くの国々が世界のサプライチェーン・産業チェーン・バリューチェーンにうまく統合されるよう後押ししている。これは、経済のグローバル化を健全に発展させ、開放型の世界経済を構築するための有効なアプローチとなっている。

多くの国にとって、「一帯一路」共同建設は、これまでにないチャンスをもたらした。まさにこの新しい発展のチャンスが、世界最大の内陸国であるカザフスタンに「海への玄関口」を与え、国民を大いに奮い立たせている。クロアチアでは、ペリェシャツ大橋が開通した日には、市民が大規模な祝賀イベントを開催した。また、マダガスカルのラジョエリナ大統領は、国道5Aの改修工事

江蘇省連雲港にある中国カザフスタン物流協力基地（写真：王健民）

の開通セレモニーで市民らと一緒に「さらば、泥よ！」と歓声を上げた……。

「一帯一路」共同建設がもたらすのは、新しい経済のグローバル化であり、新しいグローバル経済のガバナンスモデルでもある。ドイツの元大統領であり、国際通貨基金の元総裁であるホルスト・ケーラー氏は、「一帯一路」イニシアチブは恰好のタイミングで打ち出されており、グローバル経済のより良いベンチマークだと評価している。キルギスの元大統領アカエフ氏は、「一帯一路」共同建設は国際関係と世界貿易の新しいスタイルであり、グローバル化をより公正で人間味あるものに変えるだろうと述べている。

実り多き協力プロジェクト、「一帯一路」が照らす明るい未来

張夢旭　管克江

第三回「一帯一路」国際協力サミットフォーラムが二〇二三年十月十七日から十八日にかけて北京で開催され、成功裏に幕を閉じた。百五十一カ国と四十一の国際機関の代表が参加のため中国を訪れた。また、登録者の総数は一万人を超え、まさに「一帯一路」共同建設の強力な動員力と世界的な影響力を反映している。このフォーラムの期間中、各分野で計四百五十八の成果が明らかにされ、その数は第二回フォーラムを大幅に超えた。一連の具体的な協力成果は、参加代表および国際関係者から大いに賞賛され、高く評価された。

「一帯一路」建設は、立体的なコネクティビティネットワークの構築・開放型世界経済の支援・実務的な協力の展開・グリーン発展の推進・科学技術革新の推進・民間交流の支援・インテグリティ構築の推進・「一帯一路」国際協力体制の整備、これら八つの行動を後押ししている。サミットフォーラムの開幕式の基調講演で、中国の習近平国家主席は質の高い「一帯一路」共同建設を支持するこの八つの行動指針を発表し、国際社会から賛同を得た。各識者から、以下の通り高い評価を得ている。

2023年10月16日の朝、第3回「一帯一路」国際協力サミットフォーラムの報道センターで、最初のブリーフィングが開催され、国内外のメディアの記者たちが忙しく取材活動を行っている様子（写真：翁奇羽）

国連事務総長グテーレス氏は、「習近平国家主席が発表した八項目の行動指針は、国連の理念と目標と完全に合致し、開発途上国の発展を加速させる助けとなるでしょう。」と述べた。十年間の取り組みは、「一帯一路」共同建設が開発途上国にとって持続可能な発展を実現するための重要かつ効果的な手段を創り出し、南南協力の模範となっていることを証明している。

カザフスタン大統領直属の国家クルルタイ（国民会議）のメンバー、カズベク・メゲルジノフ氏は、「今回のサミットフォーラムは各国の経済協力をさらに強化し、貿易と投資を拡大し、インフラ整備を推進し、人々の福祉を向上させる助けとなっています。」と述べた。「一帯一路」共同建設の枠組みの下で、中国の企業は積極的にカザフスタンに投資しており、現在、カザフスタンと中国の協力は「一帯一路」共同建設のよき模範となっている。

サウジアラビアのアジランブラザーホールディングス副会長で、サウジ中国商務理事会主席のムハンマド・アル・アジラン氏は、「習近平国家主席によって宣言された八つの行動、特にグリーン発展を促進する取り組みはサウジのエネルギー転換の目標とうまく合致しています。中国のイニシアチブは、さらに多くの国際協力を後押しし、『一帯一路』共同建設参加国の成長モデルをバラエティ豊かなものにするでしょう。」と述べた。

南アフリカの中国問題専門家、譚哲理氏（中国名）は、八つの行動指針が質の高い「一帯一路」共同建設の方針を明らかにしており、「一帯一路」共同建設参加国の共通の目標と発展の青写真であると考えている。「十年間の成果が示すように、『一帯一路』共同建設の参加国がみな発展を遂げたことで、多くの国をこの偉大な事業の参加へと後押しししています。」

エジプトの外交事務委員会の委員、ヘルミ氏は「中国側が打ち出した行動計画は、具体的で実現性が高く、『一帯一路』共同建設の今後の発展を方向付けるとともに、行動指針を明確にしています。これにより、人々は『一帯一路』共同建設の壮大なプロセスにさらに自信を持って投資することができるようになりました。」と述べている。

オーストリア中国東南アジア研究所所長、ハネス・フェルナ氏によれば、「一帯一路」協力は各国のインフラ整備・開放型世界経済の支援・グリーン発展の促進・科学技術革新の推進、そして民間交流の支援を力強く後押しする動力となっている。「世界が直面する多くの課題を解決するためには、コミュニケーションと協力、そして共に発展していくという姿勢が欠かせません。中国は自国の発展を推し進めるだけでなく、開発途上国と共に繁栄していこうとしています。また、多方面で交流活動を積極的に行っており、こうした姿は世界の模範となっています。」と話す。

モロッコアフリカ中国協力発展協会会長ナセル・ブシバ氏は次のように述べている。「反グローバリゼーションの流れが強まる中、今回のサミットは『一帯一路』共同建設参加国に対して、平等で友好的な対話の場を提供しました。皆で成果を分かち合い、経験を振り返り、信念を固め、発展について共に話し合い、次の黄金の十年を迎える準備をしています。」

マレーシア中国公共関係協会副会長の顔天禄氏は次のように語った。「過去十年間で中国は輝かしい発展を遂げました。今回のサミットフォーラムで提案された中国のプランは、世界が開放と包摂、相互接続、共同発展を実現するた

2023年10月13日、北京の国家会議センターの前で、「一帯一路」国際協力サミットフォーラムの新たなテーマをイメージしたセットが正式にお披露目された（写真：郭俊鋒）

めのエネルギーを生み出すでしょう。」

東南アジア諸国連合（ＡＳＥＡＮ）の事務総長、リム・ジョクホイ氏はこのように述べた。「『一帯一路』共同建設は国際協力の革新的な方法であり、持続可能な発展を実現するために国際社会を効果的に推進するでしょう。そして、将来を見据えつつ、『一帯一路』共同建設は地域協力を促進し、人々の福祉向上に貢献するでしょう。」

ソロモン諸島国家計画・開発調整省の大臣、レクセン・アニクス・ラモファファフィア氏は、「今回のサミットは恰好のタイミングで開催され、その意義は非常に大きいです。」と述べた。「『一帯一路』共同建設は、ソロモン諸島を含む国々に重要な発展のチャンスを与え、将来的にはこのプラットフォームを通じて中国を含むさらに多くの国々との協力が進められることを期待しています。」

ガーナのアシャンティ州知事、サイモン・オセイ＝メンサ氏は、「ガーナは既に中国と『一帯一路』共同建設の枠組み内でインフラ整備・投資・貿易などの分野で協力事業を行っており、今回のサミットで得られたコンセンサスは、両国間の協力を新たな段階に進める推進力になるでしょう。」と述べた。

「皆で薪を拾えば火は高くなる（多くの人が力を合わせれば物事はうまくいく、という意味）」と言うように、今回のサミットの開催が大成功を収めたことは、中国が推進する「一帯一路」共同建設の方針が正しいこと、各国がこのプロジェクトに参加する意欲が強いこと、そして「一帯一路」共同建設の質の高い発展が有望であることを改めて証明している。これから、新たなスタート地点に立ち、中国は他の参加国と共に、シルクロードの精神を継承し、発展への新たな旅路へと共に歩みながら、各国と共に近代化へ向かう美しい未来を創造するだろう。

正道を歩む「一帯一路」

和音

「『一帯一路』共同建設は「共に話し合い、共に建設し、共に分かち合う」を堅持し、異なる文明、文化、社会制度、発展段階の違いを乗り越え、各国交流の新たなルートを切り開き、国際協力の新たな枠組みを構築し、人類共同発展の最大公約数を集約している。」二〇二三年十月十八日、中国の習近平国家主席は第三回「一帯一路」国際協力サミットフォーラムの開幕式で基調演説を行った際、このように述べ、「一帯一路」共同建設の十年間の成果を振り返り、その成功の経験を総括した。また、中国は質の高い「一帯一路」共同建設を後押しする八つの行動指針を発表し、国際協力の連携強化のための新たな方向性とビジョンを示

甘粛省武威市にある蘭州ー新疆鉄道を走る中欧間の貨物列車（写真：宋佳龍）

し、新しい活力を吹き込んだ。

この事業は、アジアヨーロッパの大陸からアフリカやラテンアメリカに広がり、その形は大胆なアウトラインから次第に緻密なディテールへと進化し、連携はハード面からソフト面へと浸透している……。そして、この十年間で、中国は「一帯一路」共同建設の参加国と共に初心を忘れず、手を取り合い歩んできた。こうして、「一帯一路」共同建設の国際協力は何もないところから生まれ、飛躍的な成長を遂げ、大きな成果を上げている。これは、世界が開放と包摂、相互接続、共同発展を実現するための重要なプラットフォームとなり、その貴重な経験を積み重ねてきている。

また、「一帯一路」共同建設の国際協力から三つの特徴がはっきりとうかがえる。第一に、人類は相互に依存する運命共同体である。インドネシアのメディアは記事の中でこう指摘している。「一帯一路」共同建設が打ち出されて以来、人類の運命共同体を築くという願いは、概念から具体的な行動へ、理想から現実の成果へと発展した。「一帯一路」共同建設により、中国の対外開放の大きな扉はさらに開かれ、中国市場と世界市場の結びつきはより緊密になった。そして、中国はすでに百四十カ国以上の国と地域の主要な出資国となり、多くの国々の主な投資財源国となっている。また、中国による対外投資であれ、外国からの対中投資であれ、それらは友情と協力の表れであり、信頼と希望が形になったものである。また、大規模な政府代表団を率いて本サミットフォーラムに出席したセルビアの大統領、ヴチッチ氏は、「中国の援助と協力により、セルビアの経済は順調に発展を遂げ、国民に大きな幸福をもたらしています。」と述べている。

第二に、「協力」と「ウインウインの関係」があってこそ、物事を成し遂げ、善行を行い、大きなことを成し遂げられるということだ。これについて、習近平国家主席は示唆に富む指摘をしている。「各国の協力への意欲、協調的行動さえあれば、険しい道も大きな道路に、『陸鎖国』（内陸に封じ込められた国）も『陸連国』（陸地でつながった国）に、発展のくぼ地も繁栄の高地に変わることができる。」この十年間、中国はパートナーである参加国と共に数々のグローバルな相互接続ネットワークを構築してきた。そのネットワークは、経済回廊、交通網の整備と情報の高速化、そして、鉄道・道路・

2023年10月16日、北京市朝陽区大屯路にある第三回「一帯一路」国際協力サミットフォーラムのモニュメント（写真：郭俊鋒）

空港・港・パイプラインを中心に整備されており、さらにその範囲は陸・海・空・インターネットにまで及んでいる。各国の商品、資金、技術、人材の各分野において大規模な流通をスムーズにし、千年にわたる古代シルクロードに新時代の新たな活力を吹き込んでいる。また、外国の有識者たちも賞賛のコメントを寄せている。「これらのネットワークは、開発途上国が持続可能な発展を実現するための非常に重要かつ効果的な手段となり、南南協力のロールモデルとなっています。」、「『一帯一路』共同建設は世界各国が互恵的な協力事業を行い、共同発展を実現するための重要なプラットフォームや重要な

河南省洛陽市にあるトラクター会社の生産ライン。作業員が「一帯一路」共同建設の参加国へ輸出するトラクターを組み立てている様子（撮影：張怡熙）

機会になっています。」など、「一帯一路」共同建設の大きな成果を高く評価している。

第三に、平和と協力・開放と包摂・互いの学び合い・相互利益とウィンウィンの関係、これらを内包するシルクロード精神が、「一帯一路」共同建設のための重要なエネルギー源になっていることだ。「一帯一路」共同建設において、大切にしているのは、皆で薪を拾えば火は高くなり（多くの人が力を合わせれば物事はうまくいく、という中国のことわざ）、お互いに助け合いながら進み続けることである。また、尊重しているのは、自分も元気に暮らしながら、他人も元気に暮らすこと、コネクティビティと相互利益を実践することである。そして、目指しているのは、共同発展、協力とウィンウィンの関係である。また、海外の有識者はこのように評価している。「一帯一路」共同建設が、多くの国々を引きつけ続けているのは、世界が激しい地政学的競争と衝突リスクにさらされている現在において、シルクロード精神を常に大切にする姿勢が国際社会に広く認められたからに他ならない。

この十年の歩みが証明してい通り、「一帯一路」共同建設は、歴史的に正当な立場で、かつ時代の実情に合わせて進められている。まさに社会の正道を歩んでいるのだ。このプロジェクトは、世界に永続的な安定とポジティブなエネルギーを与え続けている。そして、混乱が続く情勢においても冷静を保ち、変わらず、歴史・国民・世界に対し責任ある態度で、各国と手を携え、グローバル規模のリスクや課題に立ち向かっている。そして、次世代に、平和・発展・協力・ウィンウィンの関係、これらを体現する美しい未来を築き続けている。

編者 人民日報国際部

人民日報は1948年6月15日に創刊された中国で最も権威があり、信頼と影響力を備えた全国紙である。国際連合教育科学文化機関（ユネスコ）から「世界10大新聞」の1つという高評価を受け、2022年の購読契約は352万部に達している。
現在は紙媒体だけでなく、マルチメディアスタイルの新型メディアグループへと発展し、新聞や雑誌、ニュースサイト、テレビ、ラジオ、ニュース配信用タッチパネル端末スタンド、モバイルニュース、微博（ウェイボー）、微信（WeChat）、アプリケーションといった多種多様なプラットフォームを利用して、様々な情報を発信している。
そのうち国際部は、国際ニュース報道に特化した部門である。

訳者 日中翻訳学院本書翻訳チーム

日本僑報社が2008年に設立。よりハイレベルな日本語・中国語人材を育成するための出版翻訳プロ養成スクール。http://fanyi.duan.jp/

監訳 岡田実（おかだ みのる）拓殖大学国際学部教授

翻訳担当

小川厚子（おがわ あつこ）上越教育大学大学院修士課程修了。日中翻訳学院『高橋塾』で翻訳を学ぶ。通訳案内士（中国語）の資格を持ち、現在フリーランス翻訳者。著書多数。

畑山利香子（はたやま りかこ）日中翻訳学院『高橋塾』で翻訳を学び、現在、社内通訳・動画の字幕翻訳に従事。通訳案内士（中国語）。

校正協力 梁佩婷 吉田洋一 ほか

「一帯一路」共同建設10周年

現地レポートから見る実情と全体像

2023年12月25日　初版第1刷発行
編　者　人民日報国際部　日中交流研究所
訳　者　日中翻訳学院 本書翻訳チーム
監訳者　岡田 実
発行者　段 景子
発売所　日本僑報社
〒171-0021 東京都豊島区西池袋3-17-15
TEL03-5956-2808　FAX03-5956-2809
info@duan.jp
http://jp.duan.jp
e-shop「Duan books」
https://duanbooks.myshopify.com/

Printed in Japan.　ISBN 978-4-86185-343-2　C0036
©People's Daily 2023

日本僑報社　書籍のご案内

第6回「忘れられない中国滞在エピソード」受賞作品集　**香香（シャンシャン）と中国と私**　段躍中編

第19回「中国人の日本語作文コンクール」受賞作品集　**囲碁の智恵を日中交流に生かそう**　段躍中編

中国の農村振興　人民日報国際部

精準脱貧　中国の的確な貧困脱却達成の物語　人民日報国際部

人民日報で読み解く**第2回中国国際輸入博覧会**　人民日報国際部

手を携えて新型肺炎と闘う　人民日報国際部

日中国交正常化の舞台裏―友好を紡いだ人々―　喩杉　胡一平

知日家が語る「日本」　胡一平　喩杉

中国の著名なシンクタンクの研究者が語った　**これからの中国**　王文

悠久の都 北京　―中国文化の真髄を知る―　劉一達　李濱声

わが七爸（おじ）周恩来　周爾鎏

日本各界が感動した新中国70年の発展成果　**温故創新**　劉軍国

日本人70名が見た感じた驚いた　**新中国70年の変化と発展**　段躍中編

七歳の僕の留学体験記　第1回中友会出版文化賞受賞作　大橋遼太郎

愛と心のバレエ　ユーラシアの懸け橋に 心を結ぶ芸術の力　和中清

私の日本語作文指導法　日本語教師による体験手記　大森和夫　大森弘子

もう中国とは「共助」でないといけない！　識者8人の実践と知恵　土屋雄二郎

日中未来遺産　中国「改革開放」の中の“草の根”日中開発協力の「記憶」　岡田実

日本人が参考にすべき現代中国文化　長谷川和三

中国初の国家公園　**三江源国家公園高原動物植物図鑑**　王湘国　呂植

新疆 世界文化遺産図鑑〈永久保存版〉　小島康誉　王衛東

任正非の競争のセオリー　ファーウェイ成功の秘密　Zhang Yu　Jeffrey Yao

テンセント帝国を築いた男 馬化騰　Lin Jun　Zhang YuZhou

中国政治経済史論　毛沢東時代 鄧小平時代 江沢民時代　胡鞍鋼

病院で困らないための　**日中英対訳医学実用辞典**　松本洋子

日中中日翻訳必携 実戦編V　直訳型、意訳型、自然言語型の極意　高橋弥守彦　段景子

若者が考える「日中の未来」Vol.9　**嫌中感情に打ち勝つ「華流」の可能性**　宮本雄二 監修

この本のご感想をお待ちしています！

本書をお買い上げいただき、誠にありがとうございます。本書へのご感想・ご意見を編集部にお伝えいただけますと幸いです。下記の読者感想フォームよりご送信ください。
なお、お寄せいただいた内容は、今後の出版の参考にさせていただくとともに、書籍の宣伝等に使用させていただく場合があります。

日本僑報社 読者感想フォーム

http://duan.jp/46.htm

日本僑報電子週刊 メールマガジン 登録無料

http://duan.jp/m.htm

中国関連の最新情報や各種イベント情報などを、毎週水曜日に発信しています。

日本僑報社e-shop
中国研究書店 DuanBooks
https://duanbooks.myshopify.com/

日本僑報社ホームページ **http://jp.duan.jp**